CLASSIQUES EN POCHE

*Collection*
*dirigée*
*par*
*Hélène Monsacré*

*Dans la même collection*

1. Aristophane, *Lysistrata*.
2. Aristote, *Constitution d'Athènes*.
3. Cicéron, *L'Amitié*.
4. Platon, *Alcibiade*.
5. Suétone, *Vies des douze Césars, Claude~Néron*.
6. Plotin, *Première Ennéade*.
7. Eschyle, *Les Sept contre Thèbes*.
8. Platon, *Critias*.
9. Aristote, *La Poétique*.
10. Horace, *Odes*.
11. Pline l'Ancien, *Histoire Naturelle, XXXV, la Peinture*.
12. Virgile, *Bucoliques*.
13. Platon, *Ménexène*.
14. Tacite, *Vie d'Agricola~La Germanie*.
15. Platon, *Protagoras*.
16. Sophocle, *Antigone*.
17. Sénèque, *La Vie heureuse~La Providence*.
18. Cicéron, *Le Bien et le Mal, De finibus, III*.
19. Platon, *Gorgias*.
20. Hérodote, *Histoires, II, l'Égypte*.
21. César, *Guerre des Gaules, I-II*.
22. Ovide, *Les Amours*.
23. Plotin, *Deuxième Ennéade*.
24. Sophocle, *Œdipe Roi*.
25. Tite-Live, *Histoire romaine, I, La Fondation de Rome*.
26. Virgile, *Géorgiques*.
27. Pseudo-Sénèque, *Octavie*.
28. Catulle, *Poésies*.
29. Aristote, *Politique II*.
30. Aristophane, *Les Guêpes*.
31. Homère, *Iliade, chants I à VIII*.
32. Euripide, *Les Bacchantes*.
33. Plaute, *Pseudolus*.
34. Tertullien, *Apologétique*.
35. Homère, *Iliade, chants IX à XVI*.
36. Platon, *Phèdre*.
37. Homère, *Iliade, chants XVII à XXIV*.
38. Salluste, *La Conjuration de Catilina*.
39. Cicéron, *Pro Milone*.
40. Platon, *Lysis*.

# PLATON

# HIPPIAS MINEUR

*Texte établi et traduit par Maurice Croiset*
*Introduction et notes de Jean-François Pradeau*

Deuxième tirage

LES BELLES LETTRES

2002

*Dans la même collection (suite)*

41. Plotin, *Troisième Ennéade.*
42. Diogène Laërce, *Vie de Platon.*
43. Pline l'Ancien, *Histoire naturelle, XXXIII, Nature des métaux.*
44. Pétrone, *Satiricon.*
45. Apulée, *Apologie.*
46. Lucien, *Alexandre ou le faux prophète.*
47. Plutarque, *Les Vies parallèles. Alcibiade ~ Coriolan.*
48. Démosthène, *Sur la Couronne.*
49. Euripide, *Hécube.*
50. Mamertin, *Panégyriques de Maximien (289 et 291).*
51. Platon, *Hippias mineur.*
52. Xénophon, *Anabase, I-II.*
53. Suétone, *Vies des douze Césars, Tibère ~ Caligula.*
54. Salluste, *La Guerre de Jugurtha.*
55. Eschyle, *Les Perses.*
56. Sophocle, *Ajax.*
57. Horace, *Satires.*
58. Homère, *Odyssée, chants I à VII.*
59. Homère, *Odyssée, chants VIII à XV.*
60. Homère, *Odyssée, chants XVI à XXIV.*
61. Juvénal, *Satires.*

*Ce texte et la traduction sont repris du volume correspondant dans la Collection des Universités de France (C.U.F.), toujours disponible avec apparat critique et scientifique. (Platon,* Tome I, *4^e^ tirage, 2002)*



*Première édition 2000*

*ISBN : 2-251-79951-6*
*ISSN : 1275-4544*

# Introduction

*par Jean-François Pradeau*[*]

> « Car la fausseté dans les mots est une imitation de celle qui est dans l'âme. »
>
> *République*, III, 382b.

L'*Hippias mineur* rapporte un entretien éthique : la philosophie s'y prononce sur la nature et la valeur des modes de vie, des caractères ou des mœurs. La question est commune à tous ces dialogues platoniciens qu'on dit « de jeunesse » ou « socratiques »[1] et qui examinent chacun l'une des manifestations ou l'une des espèces de la vertu, de l'excellence *(aretê)*. Le thème retenu ici est celui du mensonge, de la tromperie *(pseudos)* dont on se demande quelle sorte de caractère et quelle sorte d'aptitude elle suppose : qui ment et en vertu de quel talent ? La question mérite d'être posée, car la possibilité de dire le faux implique celle, éthique, de l'abus et de la tromperie.

*Maître de conférences à l'Université Marc Bloch de Strasbourg.

1. Les historiens ont pris pour habitude de les regrouper ainsi (par exemple *Lysis*, *Ion*, *Hippias majeur* et *mineur*, *Lachès* ou encore *Euthyphron)*. Sur cette chronologie (pour le moins) hypothétique de la rédaction des dialogues de Platon, voyez, dans la même collection, l'introduction de M.-L. Desclos à l'*Alcibiade* de Platon, 1996, n°4, p. XXI-XXIII.

Si la philosophie grecque a choisi (avec Socrate, dit Aristote[2]) de prendre part au débat éthique en faisant de la conduite de l'existence l'un de ses objets, sinon même son principal objet, c'est en estimant que ce débat avait une pertinence et une urgence, mais que les termes méritaient d'en être revus. Les dialogues « socratiques » de Platon témoignent tous de la manière dont la philosophie se constitue elle-même comme une éthique en choisissant de disputer à la morale athénienne, à sa culture comme à sa religion, à la fois la valeur des modèles de conduite qu'elle s'était jusqu'alors choisis, mais aussi, et plus rigoureusement, la façon même dont elle appréciait les enjeux et les termes de la discussion éthique. Ce sont ces enjeux et ces termes que Platon entend définir en vérité. Il ne s'agit plus, écrit le philosophe, de s'en tenir à l'apologie de telle ou telle représentation de la vie belle, du bonheur ou du souverain bien, de défendre telle ou telle vertu, mais de les examiner chacune et de définir ce qu'est la vertu elle-même. On dit qu'il convient à un citoyen d'être courageux et tempérant. Mais que sont ces attributs, ces objets : qu'est-ce que le courage ? On dit de certains anciens ou de certains héros qu'ils furent « bons », mais qu'est-ce qu'un homme bon et pourquoi, en vertu de quoi peut-il l'être ? Cette enquête que Platon fait conduire à Socrate doit mener à la définition du critère d'excellence de toute activité, quelle qu'elle soit. Socrate choisit de ne plus demander à ses interlocuteurs qui est bon ou beau parmi les citoyens, comme c'était alors l'usage, ni de promouvoir certaines mœurs parmi celles qui étaient ou avaient été en vigueur, mais bien de réfléchir sur les conditions de l'excellence éthique. La question est à la fois générale, puisque l'excellence qualifie toutes les conduites possibles, et spécifique, puisqu'il s'agit de définir la cause précise qui fait d'une conduite une conduite excellente. En d'autres termes,

2. *Métaphysique*, A, 6, 987a-b ; *Parties des animaux*, I, 1, 642a.

qu'est-ce qui fait d'un citoyen quelconque un *bon* citoyen, d'un dirigeant politique un *bon* dirigeant ou d'un homme un homme *bon* ? Si l'on se demande, comme c'est le cas ici, lequel des deux personnages homériques, Achille ou Ulysse, est le meilleur (364b), quel est le critère d'excellence qui peut nous permettre d'en juger[3] ? L'*Hippias mineur* pose cette question à la fois à la morale traditionnelle, qui trouve dans le poème d'Homère ses *exempla* de vertu et son fonds culturel privilégié, et à la sophistique ou à la rhétorique contemporaines qui assoient une partie de leur autorité sur une exégèse renouvelée d'Homère[4].

Discutant avec le sophiste Hippias qui vient d'achever une conférence sur Homère, Socrate semble admettre la pertinence des modèles homériques. Les interlocuteurs du dialogue disputeront donc des qualités d'Ulysse et d'Achille, pour se demander lequel de ces personnages peut inspirer la meilleure conduite. La discussion porte sur un trait de caractère particulier[5] : à la suite de l'exposé qu'en a donné Hippias, Socrate demande qu'on s'entretienne du caractère « trompeur » ou « menteur » dont Ulysse le rusé, « l'homme à double face », serait le meilleur exemple. La discussion cherche alors à distinguer le caractère de celui qui dit simple-

3. Comme y insiste Socrate en 364b 4, il faut savoir lequel est le meilleur, et surtout « pour quelle raison ».

4. Ce dont l'*Hippias majeur* et l'*Ion* donnent une illustration d'autant plus précise que Socrate y conteste précisément au sophiste Hippias comme au rhapsode Ion l'aptitude de bien lire et de bien juger Homère. Sur ces questions, voyez P. Murray, « Poetic interpretation in early Greece », *Journal of Hellenic Studies*, 101, 1981, p. 87-100, et l'importante étude d'E. N. Tigerstedt, *Plato's idea of poetical inspiration*, Helsinki, *Commentationes Humanarum Litterarum*, vol. 44, 2, 1969.

5. Caractère rend *tropos*, qui désigne la direction que l'on emprunte, autrement dit la « disposition » d'une personne, la « manière » caractéristique dont elle se comporte.

ment la vérité (l'*alêthês*) du caractère de celui qui trompe et dit le faux (le *pseudês*), afin de définir les conditions et les conséquences éthiques de la fausseté. Si Ulysse est le trompeur type, c'est parce qu'il possède une aptitude, une puissance (*dunamis*[6]) à dire le faux en lieu et place du vrai ; voilà pourquoi il est ambivalent *(polutropos)*. Cela fait-il de lui le « pire » des caractères homériques, comme le soutient Hippias ?

### *Pouvoir faire ce que l'on veut*

Tout l'intérêt de l'*Hippias mineur* tient d'abord à la manière dont Socrate obtient que l'enquête sur la tromperie ne s'en tienne pas au texte homérique et aux seules qualités du personnage trompeur, mais qu'elle envisage d'emblée leur cause : l'aptitude qui rend la tromperie possible[7]. Si le trompeur peut tromper à loisir, c'est bien qu'il en possède la puissance : « un homme est capable *(dunatos)* d'une chose quand il peut faire ce qu'il veut au moment où il veut » (366b 12-c 1). En quoi consiste

6. *Dunamis* n'est rendu qu'approximativement par « puissance » ; dans le contexte de la discussion éthique, il s'agit plus précisément d'une aptitude ou d'une capacité à faire quelque chose. C'est la possession d'une *dunamis* (on pourrait donc encore dire d'une « faculté ») qui rend quelqu'un capable de faire quelque chose. Le terme a bien cet emploi technique dans les dialogues platoniciens, qui définissent notamment la connaissance ou l'excellence éthique comme des « puissances », c'est-à-dire comme des capacités qui, si nous les possédons, nous permettent d'accomplir certaines fonctions. C'est ce que rappelle la fin de l'*Hippias mineur* (375d-e), et que développe par exemple la *République*, V, 476c sq.

7. C'est, bien sûr, qu'il existe d'autres « trompeurs » qu'Ulysse. En tout premier lieu, ce sont les sophistes qui sont visés, comme le suggère Socrate en 370e. L'*Hippias mineur* se donne ainsi plusieurs cibles critiques ; c'est sans doute ce qui explique le tour difficile de sa conclusion, qui a semblé longtemps aporétique à bon nombre de

cette puissance ? Si la question a des enjeux éthiques déterminants, puisqu'il ne s'agit rien moins que d'expliquer en quoi consiste la puissance de nuire, l'aptitude à faire du tort, elle doit recevoir un traitement épistémologique. En effet, le caractère trompeur ne peut être défini que si l'on explique comment un homme choisit de mentir en connaissance de cause. Autrement dit, si la tromperie n'est pas accidentelle mais qu'elle caractérise en propre une conduite, il faut déterminer la part de connaissance inhérente au mensonge, se demander dans quelle mesure le menteur est savant. Si la tromperie est bien volontaire, on doit reconnaître au trompeur une double aptitude couronnée de succès : la connaissance, en une matière donnée, du vrai comme du faux, afin de pouvoir faire passer le second pour le premier, puis la volonté délibérée de produire une telle substitution. La reconnaissance de cette double aptitude, du point de vue épistémologique, nous contraint ensuite à admettre que la tromperie suppose la possession du savoir qui sera contrefait, et à désigner le plus efficace des trompeurs pour le plus savant des hommes : plus on est savant, mieux on trompe. À rebours, on admettra également que le plus savant est aussi le plus dangereux contrefacteur. Mais ces conclusions ne vont pas de soi. Au fil de leur entretien, Socrate obtient d'Hippias qu'il concède deux propositions : la première affirme l'identité du trompeur *(pseudês)* et du caractère double *(polutropos)*, la seconde celle du trompeur et du caractère véridique *(alêthês)*. Ces

lecteurs. À tel point qu'on a contesté, au XIXe s., l'authenticité du dialogue (elle n'allait pas plus de soi, parmi d'autres, pour Schleiermacher que pour Zeller), ou, plus récemment, qu'on a accusé à l'excès le caractère aporétique de sa conclusion. Pour faire admettre, par exemple, que la thèse défendue par Socrate n'était jamais qu'une sorte de parodie, de ce fait vouée à l'échec, de la thèse d'Hippias (J.-Fr. Balaudé réfute cette opinion dans « Que veut montrer Socrate dans l'*Hippias mineur* ? », *Lezioni Socratiche*, éd. par G. Giannantoni et M. Narcy, Naples, Bibliopolis, p. 261-277).

deux propositions sont obtenues au terme d'une première réfutation, lorsque Socrate conduit Hippias à affirmer que le trompeur doit posséder une connaissance, une réflexion et un savoir, qui lui permettent de tromper (365d-366c). Hippias en déduit lui-même la conséquence suivante : si le trompeur est savant *(sophos)*, on doit en conclure que le caractère véridique et le caractère trompeur ne s'opposent pas. C'est au contraire un homme véridique et savant qui choisit de se transformer volontairement en trompeur : sachant ce qu'est le vrai, il dit le faux et abuse par perfidie[8]. Cette dernière concession est de taille, puisqu'elle qualifie éthiquement une possibilité épistémologique : celui qui sait le vrai peut dire le faux, par méchanceté. Et c'est bien là tout l'enjeu de la discussion, qui met à l'épreuve un certain nombre de présupposés socratiques.

Le plan en est le suivant :

- 363a-364a Prologue : la rencontre d'Hippias.
- 364b-365d Quel est le meilleur d'Achille ou d'Ulysse ? Première définition de la tromperie.
- 365d-375a La vérité comme condition du mensonge. Seconde définition de la tromperie.
  - 366c-369a Examen des aptitudes d'Hippias.
  - 369a-375a La supériorité du menteur et du mal volontaire.
- 375a-376c Conclusion : la bonté de l'âme.

8. *Panourgia* : littéralement, le terme désigne une aptitude à tout faire, une habileté totale et sans réserve. En mauvaise part, comme ici, il désigne une méchante capacité à simuler ou à faire du tort, une nuisible dissimulation.

*Le savoir efficace*

L'*Hippias mineur* éprouve deux propositions plutôt fameuses, dont la plupart des « premiers dialogues » platoniciens donnent une formule ou une démonstration. Il s'agit de ces « paradoxes socratiques » qui consistent à tenir que celui qui sait ce qu'est le bien, en un domaine quelconque, fait nécessairement le bien, puis que le mal ne peut jamais être fait volontairement[9]. Si Socrate n'entreprend pas ici, comme il le fait dans le *Gorgias* ou le *Protagoras*, une défense et illustration de ses « paradoxes », il en donne toutefois une justification, dont l'occasion est une objection bien précise. La proposition selon laquelle le savoir est synonyme d'excellence éthique est rapidement convoquée lorsque Socrate fait admettre à Hippias que le trompeur est aussi bien celui qui possède cette capacité efficace qui fait de lui un homme réfléchi, habile et savant (365d-366a[10]). Il faudra donc renoncer à l'interprétation commune, pour soutenir qu'Ulysse est le meilleur des personnages d'Homère, qu'il est bon. Puisque la bonté du trompeur repose sur une capacité savante, réflexive, qui donne à son action son efficacité, il faut définir cette capacité.

La notion de *dunamis* fait l'objet du développement majeur du dialogue, lorsque Socrate choisit d'examiner tour à tour les compétences savantes d'Hippias puis le comportement d'Ulysse, afin de mettre à jour, dans ces deux cas qu'il feint de distinguer pour mieux les comparer, la puissance qui permet aussi bien à un savant d'être véridique qu'à un menteur d'être trompeur (366c-370e). Cette enquête repose sur une hypothèse qui rappelle le second des deux « paradoxes socratiques »

9. Voyez l'Introduction au *Gorgias*, dans la même collection, 1997.

10. Socrate y revient de façon conclusive, en 375d sq.

déjà mentionnés : un trompeur trompe volontairement. Il fait alors du tort volontairement, dès lors qu'il en a les moyens, la puissance. C'est donc là une hypothèse qui contredit explicitement l'affirmation socratique selon laquelle on ne peut faire le mal volontairement. Comme le dit Hippias, il y a deux façons de tromper, selon qu'on le fait par nécessité, par contrainte, ou bien au contraire volontairement (366a-b[11]). Socrate en appelle à cette distinction du volontaire et du contraint pour demander à Hippias si le trompeur fait ou non ce qu'il veut quand il trompe. Hippias répond que tel est effectivement le cas, mais il se trompe : il confond l'aptitude *(dunamis)* et le caractère *(tropos)*, en supposant que la possession d'une aptitude définit immédiatement une manière d'être et d'agir. On peut estimer que l'*Hippias mineur* consiste en la réfutation de cette erreur. Afin de la conduire et en interrogeant Hippias sur ses propres talents, Socrate défend une compréhension savante de la *dunamis*. L'argument en est assez simple : ce qui fait d'un homme un homme compétent *(dunatos)* à propos de tel ou tel objet, c'est la possession de la connaissance de cet objet. Qu'il s'agisse de sciences ou de techniques, c'est la possession du savoir, la réflexion *(phronêsis)*, qui est la cause de l'efficacité. Si l'on admet que l'excellence éthique doit être conçue à la manière d'une compétence scientifique ou technique, comme Socrate le suppose, on peut alors s'inquiéter de la possibilité du mésusage de cette compétence. Après tout, c'est celui qui maîtrise le mieux une technique donnée qui est aussi capable d'en faire le pire usage (374e-375c) ; seul un excellent chanteur saura chanter faux s'il le veut, alors qu'un piètre chanteur chantera faux malgré lui et par défaut. Si l'on applique ce raisonnement aux conduites

11. Cette distinction est courante chez Platon ; outre la discussion du *Gorgias*, 468e-471d, voir notamment *Protagoras*, 344c-346b, puis *République*, II, 358e-660d.

comme aux mœurs, on devra supposer que celui qui sait ce qui convient est le plus apte, du fait de ce savoir, à faire ce qui ne convient pas.

*Bien faire le mal ?*

Le critère du volontaire et du contraint, qui permet de distinguer le mésusage accompli en connaissance de cause du simple échec accidentel, est donc employé afin de distinguer des degrés divers de tromperie. La tromperie ultime, la plus efficace quel qu'en soit le domaine, est celle qu'accomplit celui qui s'y connaît le mieux. Plus l'on maîtrise une technique, plus l'on doit savoir comment en faire un mauvais usage. Si l'on déduit cette conséquence « perfide » de l'aptitude savante au champ éthique, ce sera pour reconnaître que l'homme le meilleur est celui qui peut faire le pire, volontairement : c'est en sachant ce qu'est le bien qu'on devrait être en mesure de ne pas le faire. C'est finalement la raison pour laquelle Achille pourrait s'avérer plus trompeur qu'un Ulysse menteur par défaut. Socrate tente de le soutenir devant Hippias, en lui proposant une exégèse nourrie des propos tenus par les deux personnages homériques. On accorde trop peu d'importance à ce passage du dialogue, qui voit pourtant Socrate s'avancer sur le terrain de prédilection des sophistes ou des rhapsodes (369b-372a). Dans le droit fil de l'argument selon lequel c'est le plus savant qui fait le pire trompeur, Socrate cherche à persuader Hippias qu'Achille le véridique est aussi le plus double et le plus retors des personnages. Mais ce qu'Hippias avait concédé sur son propre compte, quand Socrate lui reconnaissait d'innombrables aptitudes et louait son savoir, il refuse désormais de l'accorder à Achille, pour ne pas avoir à soutenir que « ceux qui sont volontairement injustes [...] soient meilleurs que ceux qui le font sans le vouloir » (371a-372b). La

réticence du fat Hippias est d'ordre moral, et l'on voit bien qu'elle permet de vérifier par la réfutation l'hypothèse socratique selon laquelle on ne fait le mal qu'involontairement. Qu'Hippias se contredise jette de surcroît le doute sur la pertinence des modèles homériques dont il se voulait le connaisseur. Il faut en effet noter que la discussion de l'excellence respective des héros s'achève dans la confusion : Hippias ne parvient plus à défendre la supériorité d'Achille, et se trouve dans la position inconfortable d'avoir à défendre le retors Ulysse[12]. On ne sait donc plus qui doit l'emporter, et il ne fait aucun doute que c'est l'un des objectifs de Platon qui est atteint ici : dénoncer le caractère approximatif des *exempla* homériques. Ces derniers ne satisfont pas aux exigences éthiques que Socrate contraint Hippias à défendre : ils ne sont pas de véritables trompeurs, puisque ni Ulysse ni Achille, comme le concède finalement Hippias, ne font le mal volontairement. Doit-on alors les tenir tous deux pour « véridiques » ? Non plus, car aucun d'eux ne montre la compétence savante que Socrate appelle de ses vœux[13].

L'*Hippias mineur* s'achève ainsi dans la confusion qu'entraîne le constat paradoxal que le savant est le pire des trompeurs. On doit toutefois être attentif à deux des

12. Une confusion dont Socrate se dit aussi victime, voyez les remarques insistantes de 372d-e et les derniers mots du dialogue.

13 Les deux personnages se trompent, changent d'avis, commettent des erreurs ; tout cela renseigne davantage le lecteur sur la faiblesse de leur caractère *(tropos)* que sur leur *dunamis*. Comme le note J. J. Mulhern, les qualités que possèdent chacun des deux héros en cause ne sont pas exclusives les unes des autres. Au contraire et dans la perspective de Platon, on devrait même les retrouver réunies chez un homme réellement bon (« ΤΡΟΠΟΣ and ΠΟΛΥΤΡΟΠΙΑ in Plato's *Hippias minor* », *Phoenix*, 22, 1984, p. 283-288 ; ici, p. 283). La leçon du dialogue platonicien (on pourrait le dire aussi bien de l'*Ion* que de la *République*) est franche : c'est en faisant l'économie d'Homère que le débat éthique athénien pourra progresser.

traits de l'argument qui est ainsi clos. En premier lieu, si l'on reconnaît de façon paradoxale au trompeur (c'est-à-dire aussi bien à Ulysse qu'à son homologue sophiste) d'être excellent, c'est à la condition préalable d'avoir admis que le trompeur est effectivement excellent sous l'aspect du savoir. Or c'est bien la leçon de l'exégèse socratique d'Homère que de montrer que tel n'est pas le cas. De telle sorte que la tromperie (notamment sophistique) ne saurait être entière et qu'il est possible de démasquer l'imposture[14]. En second lieu, ce n'est peut-être pas du point de vue logique que la conclusion du dialogue s'avère paradoxale. Après tout, il s'agit simplement d'admettre que celui qui sait le vrai peut ou doit dire le faux. Le mensonge contrarie sans doute le principe de non-contradiction, mais, comme Aristote y insistera après Platon, le respect de ce principe n'a pour lui aucune autorité ou nécessité linguistique : il est possible de dire une chose et son contraire, tout comme il est possible de dire le contraire de ce que l'on pense. À se contredire ou à mentir, on ne risque guère, du point de vue logique ou linguistique, que de ne pas être compris ou de dire n'importe quoi[15]. La possibilité de la tromperie est donc assurée et ce n'est semble-t-il que du seul point de vue éthique qu'on peut le regretter. Il existe une possibilité fâcheuse, qui relève bien d'une aptitude fondée sur un savoir, et on doit pouvoir la regarder comme n'importe laquelle des autres aptitudes techniques. La réticence que montre Socrate à l'admettre a conduit bien des lecteurs à supposer que Platon rencon-

14. C'est un point important de la critique platonicienne des procédés sophistiques, mais aussi et encore rhétoriques ou rhapsodiques : ceux-ci ne sont efficaces qu'à la condition d'être exercés aux dépens d'un public distrait ou ignorant, qui se laisse donc abuser (voyez surtout *Gorgias*, 458e-459c). La tromperie que produisent ces imposteurs ne serait infaillible que s'ils étaient réellement savants.

15. On trouve en *Métaphysique* Γ l'examen aristotélicien du principe de non-contradiction.

trait dans l'*Hippias mineur* la limite de l'analogie de l'excellence éthique et de la compétence savante technique. Cette analogie, en vertu de laquelle on déclare bon celui qui a la capacité de bien faire quelque chose, se trouverait mise en cause par le cas du trompeur, de celui qui, capable du bien comme du mal, choisit le mal. Et le dialogue constaterait ainsi qu'il est impossible de tenir l'excellence pour une technique dans la mesure où la seconde est une aptitude indistincte à bien faire comme à mal faire, ce que ne peut bien évidemment tolérer la première. Être bon, ce ne peut être faire le mal, et l'on ne peut pas fonder une éthique sur l'hypothèse que l'homme excellent est capable du pire. C'est donc, conclut-on, que l'éthique ne trouve pas dans la technique son analogue pertinent. Cette conclusion paraît bien avoir pour elle l'issue aporétique du dialogue et, surtout, l'embarras de Socrate confronté à l'idée que le mésusage d'une technique se révèle optimal lorsqu'il est le fait du technicien le plus compétent. Mais on peut lire autrement l'*Hippias mineur*, et éviter de faire de sa conclusion le désaveu de l'entretien, en signalant que Socrate ne renonce aucunement à la compréhension savante et technique de l'excellence. Avant de laisser planer le doute sur l'opinion qui est la sienne en la matière, Socrate conclut bien la discussion (376a-b), en affirmant trois choses : que la pratique de la justice consiste à faire de belles choses (et non de mauvaises choses), que l'homme est bon lorsque son âme est bonne et qu'un homme de bien ne saurait volontairement faire le mal. Loin de contrarier le paradigme technique de l'action bonne comme action bien faite, cette triple conclusion l'assume et le justifie, contre la confusion à laquelle conduisent les hypothèses d'Hippias. Cette justification n'est toutefois obtenue qu'au prix d'une précision de taille, puisqu'il faut contester aux sophistes l'hypothèse selon laquelle l'excellence puisse s'apprendre à la manière d'une recette. Si la technique se

laisse résumer à un savoir-faire, à l'application de règles apprises, il est hors de question qu'on puisse l'assimiler à l'excellence éthique. En revanche, si la technique est une production ou un usage qui tire son efficacité d'une connaissance de son objet, alors et alors seulement, cette assimilation devient possible. Platon ne conteste pas de front l'hypothèse des sophistes selon laquelle l'excellence est une sorte de technique ; il leur rappelle plutôt qu'une technique est une compétence, et que celle-ci ne s'autorise que d'un savoir.

### *Le témoignage d'Aristote*

Dans le livre Δ de sa *Métaphysique*, alors qu'il donne sa propre définition de la fausseté, Aristote mentionne pour la réfuter la conclusion aporétique de l'*Hippias* :

> Un homme est faux *(anthrôpos pseudês)* lorsqu'il prend du plaisir à ces discours faux (dont il vient d'être question), et qu'il les choisit pour nulle autre raison que leur fausseté ou pour les produire dans l'esprit d'autrui, comme c'est le cas de ces choses que nous appelons fausses parce qu'elles produisent une image fausse[16]. C'est la raison pour laquelle l'argument de l'*Hippias*, selon lequel c'est le même homme qui est faux et véridique, est un argument trompeur. Il tient en effet pour faux celui qui a la capacité de dire le faux (c'est-à-dire celui qui sait, le réfléchi *[phronimos]*), et tient de surcroît pour meilleur celui qui est volontairement méchant. Mais cette dernière affirmation repose sur une induction fausse, car lorsqu'il affirme que celui qui boite volontairement est meilleur que celui qui le fait involontairement, il veut dire meilleur que celui qui simulerait volontairement le boitement ; et en

16. Aristote venait d'évoquer ainsi les rêves ou les peintures, qui existent réellement mais produisent des images fausses.

effet, celui qui boiterait volontairement serait sans doute pire. C'est de la même manière que celui qui dit le faux volontairement est moralement pire que celui qui le fait involontairement. »

*Métaphysique* Δ, 1025a 2-13.

De toute évidence, Aristote choisit de réfuter la conclusion à laquelle Socrate a conduit Hippias. Son objection, qui est à la fois d'ordre logique et d'ordre éthique, porte sur deux points : la confusion indue entre le titre de faux et l'aptitude à dire le faux, puis l'hypothèse que le meilleur est celui qui fait volontairement le mal. Ce faisant, Aristote accepte la leçon socratique et porte un jugement éthique sur la tromperie. Il ne met pas en causc l'auteur de l'*Hippias*, mais la nullité d'un argument qui ne peut qu'échouer dans la mesure où il repose sur deux erreurs : il n'est pas vrai que celui qui peut dire le faux le fasse nécessairement, pas plus qu'il n'est vrai qu'il soit bien de faire le mal volontairement[17].

On peut à bon droit estimer que Platon, dans l'*Hippias mineur*, poursuit le même but, en dénonçant lui aussi une erreur logique et une aberration éthique. La confusion dans laquelle s'achève le dialogue est celle à laquelle ne peuvent manquer de conduire le raisonnement faux qui conclut d'une possibilité linguistique ou épistémologique à une nécessité psychique ou éthique, et l'influence des piètres modèles de conduite imaginés par Homère.

17. Voir, dans le même sens, le développement de l'*Éthique à Nicomaque*, IV, 13, 1127b. Qu'Aristote cite ainsi l'*Hippias mineur* suffit amplement, s'il en était encore besoin, à attester l'authenticité du dialogue.

# Note sur la traduction de l'*Hippias mineur*

La traduction de M. Croiset ici reprise n'a été que peu modifiée. Outre quelques corrections de détail, j'ai adopté des équivalents lexicaux qui permettront de lire plus aisément ce dialogue au regard du *Gorgias*, paru dans la même collection. L'*Hippias mineur* travaille un nombre réduit de notions *(dunamis, tropos* et *polutropos, phronêsis, pseudos)* ; ce sont ces termes et ceux qui leur sont apparentés dont j'ai pris le plus soin.

# HIPPIAS MINEUR

# ΙΠΠΙΑΣ ΕΛΑΤΤΩΝ

[ἢ περὶ τοῦ ψεύδους· ἀνατρεπτικός.]

---

ΕΥΔΙΚΟΣ ΣΩΚΡΑΤΗΣ ΙΠΠΙΑΣ

ΕΥΔΙΚΟΣ. Σὺ δὲ δὴ τί σιγᾷς, ὦ Σώκρατες, Ἱππίου 383
τοσαῦτα ἐπιδειξαμένου, καὶ οὐχὶ ἢ συνεπαινεῖς τι τῶν
εἰρημένων ἢ καὶ ἐλέγχεις, εἴ τί σοι μὴ καλῶς δοκεῖ εἰρη-
κέναι ; ἄλλως τε ἐπειδὴ καὶ αὐτοὶ λελείμμεθα, οἳ μάλιστ' ἂν
ἀντιποιησαίμεθα μετεῖναι ἡμῖν τῆς ἐν φιλοσοφίᾳ διατριβῆς.

ΣΩΚΡΑΤΗΣ. Καὶ μήν, ὦ Εὔδικε, ἔστιν γε ἃ ἡδέως ἂν
πυθοίμην Ἱππίου ὧν νυνδὴ ἔλεγεν περὶ Ὁμήρου. Καὶ γὰρ
τοῦ σοῦ πατρὸς Ἀπημάντου ἤκουον ὅτι ἡ Ἰλιὰς κάλλιον εἴη b
ποίημα τῷ Ὁμήρῳ ἢ ἡ Ὀδύσσεια, τοσούτῳ δὲ κάλλιον ὅσῳ
ἀμείνων Ἀχιλλεὺς Ὀδυσσέως εἴη· ἑκάτερον γὰρ τῶν ποιη-
μάτων τὸ μὲν εἰς Ὀδυσσέα ἔφη πεποιῆσθαι, τὸ δ' εἰς
Ἀχιλλέα. Περὶ ἐκείνου οὖν ἡδέως ἄν, εἰ βουλομένῳ ἐστὶν
Ἱππίᾳ, ἀναπυθοίμην ὅπως αὐτῷ δοκεῖ περὶ τοῖν ἀνδροῖν
τούτοιν, πότερον ἀμείνω φησὶν εἶναι, ἐπειδὴ καὶ ἄλλα πολλὰ
καὶ παντοδαπὰ ἡμῖν ἐπιδέδεικται καὶ περὶ ποιητῶν τε c
ἄλλων καὶ περὶ Ὁμήρου.

1. Hippias le sophiste vient d'achever une déclamation (ἐπίδειξις) sur Homère. Discutant avec Socrate dans le second des dialogues éponymes (*Hippias majeur*, 286a-c), Hippias l'avait invité à venir l'écouter parler d'Homère en public. Les deux dialogues, s'ils n'ont pas le même objet, ont une date dramatique commune.

# HIPPIAS MINEUR

[ou *Sur le mensonge*, genre anatreptique]

EUDICOS SOCRATE HIPPIAS

EUDICOS. – Mais toi, Socrate, pourquoi restes-tu 363
ainsi muet, après qu'Hippias a si amplement discouru[1] ?
D'où vient que tu ne joins pas tes éloges aux nôtres ?
Ou, si tu as quelque chose à reprendre, que ne le
critiques-tu ? D'autant plus que nous voici entre nous,
c'est-à-dire entre gens qui prétendent s'intéresser le plus
vivement aux entretiens philosophiques[2].

SOCRATE. – Au fait, Eudicos, il y a plusieurs points
dans ce qu'Hippias a dit à propos d'Homère, sur
lesquels j'aimerais à l'interroger. Par exemple, j'enten- b
dais ton père, Apémantos, déclarer que l'*Iliade* était le
chef-d'œuvre d'Homère, supérieure à l'*Odyssée* autant
qu'Achille l'est à Ulysse ; car il considérait ce dernier
poème comme composé en l'honneur d'Ulysse, l'autre
en l'honneur d'Achille. C'est là un point sur lequel j'in-
terrogerais volontiers Hippias, s'il y est disposé ; je
voudrais savoir ce qu'il pense de ces deux personnages,
lequel des deux lui paraît supérieur, puisque aussi bien il
nous a développé tant de considérations de toute sorte c
sur d'autres poètes et sur Homère lui-même[3].

2. Sur le personnage d'Hippias, voyez la Note critique en fin de volume. Quant à Eudicos, inconnu par ailleurs, il est encore mentionné dans l'*Hippias majeur*, 286b.

3. La déclamation d'Hippias consiste donc en une interprétation du poème homérique ; il s'agit d'une herméneutique, qui apparente l'exercice du sophiste à celui du rhapsode dont Socrate conteste l'aptitude technique et savante dans l'*Ion*.

ΕΥ. Ἀλλὰ δῆλον ὅτι οὐ φθονήσει Ἱππίας, ἐάν τι αὐτὸν ἐρωτᾷς, ἀποκρίνεσθαι· ἢ γάρ, ὦ Ἱππία, ἐάν τι ἐρωτᾷ σε Σωκράτης, ἀποκρινῇ ; ἢ πῶς ποιήσεις ;

ΙΠΠΙΑΣ. Καὶ γὰρ ἂν δεινὰ ποιοίην, ὦ Εὔδικε, εἰ Ὀλυμπίαζε μὲν εἰς τὴν τῶν Ἑλλήνων πανήγυριν, ὅταν τὰ Ὀλύμπια ᾖ, ἀεὶ ἐπανιὼν οἴκοθεν ἐξ Ἤλιδος εἰς τὸ ἱερὸν
παρέχω ἐμαυτὸν καὶ λέγοντα ὅ τι ἂν τις βούληται ὧν ἂν d
μοι εἰς ἐπίδειξιν παρεσκευασμένον ᾖ, καὶ ἀποκρινόμενον τῷ βουλομένῳ ὅ τι ἄν τις ἐρωτᾷ, νῦν δὲ τὴν Σωκράτους ἐρώτησιν φύγοιμι.

ΣΩ. Μακάριόν γε, ὦ Ἱππία, πάθος πέπονθας, εἰ ἑκάστης 364
Ολυμπιάδος οὕτως εὔελπις ὢν περὶ τῆς ψυχῆς εἰς σοφίαν ἀφικνῇ εἰς τὸ ἱερόν· καὶ θαυμάσαιμ' ἂν εἴ τις τῶν περὶ τὸ σῶμα ἀθλητῶν οὕτως ἀφόβως τε καὶ πιστευτικῶς ἔχων τῷ σώματι ἔρχεται αὐτόσε ἀγωνιούμενος, ὥσπερ σὺ φῂς τῇ διανοίᾳ.

ΙΠ. Εἰκότως, ὦ Σώκρατες, ἐγὼ τοῦτο πέπονθα· ἐξ οὗ γὰρ ἦργμαι Ὀλυμπίασιν ἀγωνίζεσθαι, οὐδενὶ πώποτε κρείττονι εἰς οὐδὲν ἐμαυτοῦ ἐνέτυχον.

ΣΩ. Καλόν γε λέγεις, ὦ Ἱππία, καὶ τῇ Ἠλείων πόλει b
τῆς σοφίας ἀνάθημα τὴν δόξαν εἶναι τὴν σὴν καὶ τοῖς γονεῦσι τοῖς σοῖς. Ἀτὰρ τί δὴ λέγεις ἡμῖν περὶ τοῦ Ἀχιλλέως τε καὶ τοῦ Ὀδυσσέως ; πότερον ἀμείνω καὶ κατὰ τί φῂς εἶναι ; ἡνίκα μὲν γὰρ πολλοὶ ἔνδον ἦμεν καὶ σὺ τὴν ἐπίδειξιν

4. Les festivités olympiques accueillaient des concours athlétiques, mais aussi musicaux ; les rhapsodes et les sophistes pouvaient s'y produire en public.

EUDICOS. – Oh ! je ne doute pas qu'Hippias ne se prête à te répondre, si tu lui poses quelque question. N'est-il pas vrai, Hippias, que, si Socrate t'interroge, tu lui répondras ? quelle est ton intention ?

HIPPIAS. – Vraiment, Eudicos, j'agirais d'étrange façon ! Quoi ? j'ai l'habitude de me rendre d'Élis, où j'habite, à Olympie dans l'assemblée solennelle des Grecs, chaque fois que les jeux ont lieu, et, là, d'aller dans le sanctuaire me mettre à la disposition de tous d
pour discourir, à la demande de tel ou tel, sur un des sujets que j'ai préparés et pour répondre à toutes les questions qu'on se plaît à me poser ; et aujourd'hui je me déroberais à celles de Socrate[4] !

SOCRATE. – Ah ! Hippias, que tu es heureux de 364
pouvoir ainsi à chaque Olympiade, quand tu entres dans le sanctuaire, être si sûr de ton âme, si confiant en ton savoir ! Je serais surpris qu'entre les athlètes adonnés aux exercices du corps, il y en eût un seul qui soit aussi assuré, aussi confiant en ses forces physiques, quand il va là-bas pour le concours, que tu déclares l'être, toi, en ton intelligence.

HIPPIAS. – Confiance bien naturelle, Socrate. Depuis que je vais ainsi concourir à Olympie, je n'ai jamais rencontré un homme qui me fût supérieur en quoi que ce soit.

SOCRATE. – Quel honneur pour Élis, ta patrie, mon b
cher Hippias, et pour tes parents, qu'une réputation comme la tienne ! Mais, pour en revenir à Achille et à Ulysse, qu'as-tu à nous en dire ? lequel tiens-tu pour supérieur, et pour quelle raison[5] ? tout à l'heure, quand

5. Comme c'est le cas dans l'*Ion*, la réflexion sur le poème à laquelle Socrate engage ses interlocuteurs est immédiatement éthique : il s'agit de savoir quel usage on peut faire du poème, quel modèle de conduite on peut y trouver, ou encore de savoir comment on doit juger ce qu'il dit ou ce qu'il décrit (quelle est, notamment, la valeur des mœurs qui s'y trouvent dépeintes ? Les personnages sont-ils bons ?).

ἐποιοῦ, ἀπελείφθην σου τῶν λεγομένων· ὤκνουν γὰρ ἐπανερέσθαι, διότι ὄχλος τε πολὺς ἔνδον ἦν, καὶ μή σοι ἐμποδὼν εἴην ἐρωτῶν τῇ ἐπιδείξει· νυνὶ δὲ ἐπειδὴ ἐλάττους τέ ἐσμεν καὶ Εὔδικος ὅδε κελεύει ἐρέσθαι, εἰπέ τε καὶ δίδαξον ἡμᾶς c
σαφῶς τί ἔλεγες περὶ τούτοιν τοῖν ἀνδροῖν ; πῶς διέκρινες αὐτούς ;

ΙΠ. Ἀλλ' ἐγώ σοι, ὦ Σώκρατες, ἐθέλω ἔτι σαφέστερον ἢ τότε διελθεῖν ἃ λέγω καὶ περὶ τούτων καὶ ἄλλων· φημὶ γὰρ Ὅμηρον πεποιηκέναι ἄριστον μὲν ἄνδρα Ἀχιλλέα τῶν εἰς Τροίαν ἀφικομένων, σοφώτατον δὲ Νέστορα, πολυτροπώτατον δὲ Ὀδυσσέα.

ΣΩ. Βαβαῖ, ὦ Ἱππία· ἆρ' ἄν τί μοι χαρίσαιο τοιόνδε, μή μου καταγελᾶν, ἐὰν μόγις μανθάνω τὰ λεγόμενα καὶ πολλάκις ἀνερωτῶ ; ἀλλά μοι πειρῶ πρᾴως τε καὶ εὐκόλως d
ἀποκρίνεσθαι.

ΙΠ. Αἰσχρὸν γὰρ ἂν εἴη, ὦ Σώκρατες, εἰ ἄλλους μὲν αὐτὰ ταῦτα παιδεύω καὶ ἀξιῶ διὰ ταῦτα χρήματα λαμβάνειν, αὐτὸς δὲ ὑπὸ σοῦ ἐρωτώμενος μὴ συγγνώμην τ' ἔχοιμι καὶ πρᾴως ἀποκριναίμην.

ΣΩ. Πάνυ καλῶς λέγεις· ἐγὼ γάρ τοι, ἡνίκα μὲν ἄριστον τὸν Ἀχιλλέα ἔφησθα πεποιῆσθαι, ἐδόκουν σου μανθάνειν ὅ τι ἔλεγες, καὶ ἡνίκα τὸν Νέστορα σοφώτατον· ἐπειδὴ δὲ τὸν e
Ὀδυσσέα εἶπες ὅτι πεποιηκὼς εἴη ὁ ποιητὴς πολυτροπώτατον, τοῦτο δ', ὥς γε πρὸς σὲ τἀληθῆ εἰρῆσθαι, παντάπασιν οὐκ οἶδ' ὅ τι λέγεις. Καί μοι εἰπέ, ἄν τι ἐνθένδε

6. Le salaire des sophistes, et particulièrement celui d'Hippias (cf. *Hippias majeur*, 281b-283b), est l'un des lieux communs de la critique platonicienne de la sophistique, qui dénonce l'intérêt de ces mercenaires itinérants qui font passer la vente de leurs procédés rhéto-

nous étions nombreux là-dedans et que tu discourais, j'ai eu peine à suivre ce que tu disais ; car je n'osais pas t'interroger à cause de la foule qui était là ; et puis je craignais, en te questionnant, de gêner ton éloquence. Mais, à présent que nous sommes en petit nombre et qu'Eudicos m'invite à t'interroger, réponds-moi et explique-nous précisément ce que tu disais à propos de c
ces deux personnage. Quelles distinctions faisais-tu entre eux ?

HIPPIAS. – Soit ; je ne demande pas mieux, Socrate, que de formuler, plus nettement encore que tout à l'heure, mon jugement sur eux et sur d'autres. Je déclare donc qu'Homère a voulu faire d'Achille le meilleur de ceux qui allèrent en Troade, de Nestor le plus savant, et d'Ulysse, avant tout, l'homme à double face.

SOCRATE. – Admirable formule, Hippias ! Seulement, oserais-je te supplier de ne pas te moquer de moi si je te comprends mal et si je multiplie mes questions ? De d
grâce, essaie de me répondre avec douceur et sans te fâcher.

HIPPIAS. – Je manquerais de goût, Socrate, moi qui enseigne cela à d'autres et qui me fais payer pour l'enseigner, si, aujourd'hui, quand tu m'interroges, je ne t'écoutais spontanément avec indulgence et si je ne te répondais avec douceur[6].

SOCRATE. – Que cela est bien de ta part ! Voyons donc : quand tu as dit qu'Homère avait voulu faire d'Achille le meilleur des Grecs, de Nestor le plus savant, je crois avoir compris ta pensée. Mais quand tu as ajouté qu'il avait fait d'Ulysse un homme à double face, je t'avouerai, pour te parler franchement, que je ne sais pas du tout ce que tu veux dire par là. Peut-être te compren-

riques pour une pédagogie. Le *Protagoras* (dont Hippias est l'un des interlocuteurs) moque plus longuement les pratiques de ces boutiquiers (313a-317e) ; voyez encore l'*Apologie de Socrate*, qui mentionne de nouveau Hippias, 19e-20a.

μᾶλλον μάθω· ὁ Ἀχιλλεὺς οὐ πολύτροπος τῷ Ὁμήρῳ πεποίηται;

ΙΠ. Ἥκιστά γε, ὦ Σώκρατες, ἀλλ' ἁπλούστατος καὶ ἀληθέστατος, ἐπεὶ καὶ ἐν Λιταῖς, ἡνίκα πρὸς ἀλλήλους ποιεῖ αὐτοὺς διαλεγομένους, λέγει αὐτῷ ὁ Ἀχιλλεὺς πρὸς τὸν Ὀδυσσέα·

Διογενὲς Λαερτιάδη, πολυμήχαν' Ὀδυσσε0, 365
χρὴ μὲν δὴ τὸν μῦθον ἀπηλεγέως ἀποειπεῖν,
ὥσπερ δὴ κρανέω τε καὶ ὡς τελέεσθαι δίω·
ἐχθρὸς γάρ μοι κεῖνος ὁμῶς Ἀΐδαο πύλῃσιν,
ὅς χ' ἕτερον μὲν κεύθῃ ἐνὶ φρεσίν, ἄλλο δὲ εἴπῃ. b
Αὐτὰρ ἐγὼν ἐρέω ὡς καὶ τετελεσμένον ἔσται.

Ἐν τούτοις δηλοῖ τοῖς ἔπεσιν τὸν τρόπον ἑκατέρου το0 ἀνδρός, ὡς ὁ μὲν Ἀχιλλεὺς εἴη ἀληθής τε καὶ ἁπλο0ς, ὁ δὲ Ὀδυσσεὺς πολύτροπός τε καὶ ψευδής· ποιεῖ γὰρ τὸν Αχιλλέα εἰς τὸν Ὀδυσσέα λέγοντα ταῦτα τὰ ἔπη.

ΣΩ. Ν0ν ἤδη, ὦ Ἱππία, κινδυνεύω μανθάνειν ὃ λέγεις· τὸν πολύτροπον ψευδῆ λέγεις, ὥς γε φαίνεται.

ΙΠ. Μάλιστα, ὦ Σώκρατες· τοιο0τον γὰρ πεποίηκεν c
τὸν Ὀδυσσέα Ὅμηρος πολλαχο0 καὶ ἐν Ἰλιάδι καὶ ἐν Ὀδυσσείᾳ.

ΣΩ. Ἐδόκει ἄρα, ὡς ἔοικεν, Ὁμήρῳ ἕτερος μὲν εἶναι ἀνὴρ ἀληθής, ἕτερος δὲ ψευδής, ἀλλ' οὐχ ὁ αὐτός.

ΙΠ. Πῶς γὰρ οὐ μέλλει, ὦ Σώκρατες;

7. L'habitude de l'époque consistait à renvoyer à des épisodes connus du poème (et non pas à ses livres, comme on ne le fera qu'à partir du IIe s. av. notre ère). Ici, la scène des « Prières » désigne l'épisode du livre IX de l'*Iliade* où Ulysse, Ajax et Phénix se rendent en ambassade auprès d'Achille pour tenter d'apaiser sa colère. Hippias cite une partie des v. 308-314. Pour prendre la mesure de la façon dont Platon cite et travaille les poèmes homériques, voyez J. Labarbe, *L'Homère de Platon*, Liège, Faculté de Philosophie et de Lettres, 1949.

drai-je mieux en te questionnant. Homère, d'après toi, n'a pas fait d'Achille un homme double ?

HIPPIAS. – Oh ! nullement, Socrate ; il en a fait le plus simple et le plus sincère des hommes. Dans la scène des Prières[7], quand il représente ses personnages s'entretenant ensemble, voici comment il fait parler Achille s'adressant à Ulysse :

*« Laertiade, descendant de Zeus, ingénieux Ulysse, il* 365
*faut que je le dise mes intentions sans aucun détour, telles que je les réaliserai, telles que je sais qu'elles s'accompliront. Je déteste autant que les portes d'Aïdès*
*celui qui cache une chose dans son esprit et en dit une* b
*autre. Quant à moi, je vais dire ce qui sera accompli. »*

Voilà qui met en lumière le caractère des deux personnages : celui d'Achille, véridique et simple ; celui d'Ulysse, double et trompeur. Car c'est Achille qu'il fait parler ainsi à Ulysse.

SOCRATE. – À présent, Hippias, je crois enfin comprendre ta pensée : tu appelles double celui qui est trompeur ; n'est-ce pas cela[8] ?

HIPPIAS. – Exactement, Socrate ; et c'est bien ainsi c
qu'Homère a représenté Ulysse en plusieurs passages de l'*Iliade* et de l'*Odyssée*.

SOCRATE. – D'où il résulte, sans doute, que pour lui l'homme véridique était autre que l'homme trompeur, et non pas le même homme.

HIPPIAS. – Pouvait-il en être autrement, Socrate ?

8. Socrate choisit de confondre le caractère double (πολύτροπος) et le caractère trompeur (ψευδής). C'est une confusion qui n'allait pas de soi dans les pages précédentes (être double ou « multiple » de caractère n'impliquait pas nécessairement que l'on mente), mais qui va permettre de mettre l'entretien sur la piste de l'aptitude qui définit le caractère trompeur, en profitant de l'exemple d'Ulysse.

ΣΩ. Ἦ καὶ σοὶ δοκεῖ αὐτῷ, ὦ Ἱππία ;

ΙΠ. Πάντων μάλιστα· καὶ γὰρ ἂν δεινὸν εἴη, εἰ μή.

ΣΩ. Τὸν μὲν Ὅμηρον τοίνυν ἐάσωμεν, ἐπειδὴ καὶ ἀδύνατον ἐπανερέσθαι τί ποτε νοῶν ταῦτα ἐποίησεν τὰ ἔπη· d σὺ δ' ἐπειδὴ φαίνῃ ἀναδεχόμενος τὴν αἰτίαν, καὶ σοὶ συνδοκεῖ ταῦτα ἅπερ φῂς Ὅμηρον λέγειν, ἀπόκριναι κοινῇ ὑπὲρ Ὁμήρου τε καὶ σαυτοῦ.

ΙΠ. Ἔσται ταῦτα· ἀλλ' ἐρώτα ἔμβραχυ ὅ τι βούλει.

ΣΩ. Τοὺς ψευδεῖς λέγεις οἷον ἀδυνάτους τι ποιεῖν, ὥσπερ τοὺς κάμνοντας, ἢ δυνατούς τι ποιεῖν ;

ΙΠ. Δυνατοὺς ἔγωγε καὶ μάλα σφόδρα ἄλλα τε πολλὰ καὶ ἐξαπατᾶν ἀνθρώπους.

ΣΩ. Δυνατοὶ μὲν δή, ὡς ἔοικεν, εἰσὶ κατὰ τὸν σὸν λόγον e καὶ πολύτροποι· ἢ γάρ ;

ΙΠ. Ναί.

ΣΩ. Πολύτροποι δ' εἰσὶ καὶ ἀπατεῶνες ὑπὸ ἠλιθιότητος καὶ ἀφροσύνης ἢ ὑπὸ πανουργίας καὶ φρονήσεώς τινος ;

9. Socrate en appelle à la règle dialogique qui veut que le répondant assume la responsabilité de sa réponse, de sorte qu'il puisse être éventuellement réfuté. La concession d'Hippias est décisive, car elle contraint l'exégète d'Homère à se porter responsable de son interprétation. C'est un engagement qui pallie à l'absence de l'auteur (qui ne peut défendre son œuvre ; voyez notamment les remarques du *Phèdre*, 275d-e) en obligeant moralement l'interprète à jouer son rôle.

10. Πολύτροπος (littéralement : « qui se tourne en plusieurs directions ») désigne donc le caractère ambivalent de celui qui est capable de montrer des apparences distinctes et de simuler des aptitudes variées. Ce qui est dit d'Ulysse vaut, *mutatis mutandis*, pour les sophistes, auxquels Socrate reconnaît pour la déplorer une telle apti-

SOCRATE. – Quoi ? serais-tu aussi de cet avis, Hippias ?

HIPPIAS. – Sans le moindre doute. Il serait étrange que j'en eusse un autre.

SOCRATE. – En ce cas, ne nous occupons plus d'Homère, attendu qu'il est impossible de lui demander d
ce qu'il avait dans l'esprit en composant ces vers. Mais toi, puisque tu en acceptes la responsabilité et que tu prends à ton compte le sentiment que tu lui attribues, réponds donc en son nom et au tien[9].

HIPPIAS. – Je le veux bien. Interroge-moi brièvement, à ton bon plaisir.

SOCRATE. – Voyons, appelles-tu trompeurs des hommes privés de certains moyens, comme sont les malades, ou au contraire des hommes doués d'une capacité déterminée ?

HIPPIAS. – Des hommes certes capables de beaucoup de choses et surtout de tromper les autres !

SOCRATE. – C'est-à-dire que selon toi ils sont e
capables en même temps que doubles, n'est-ce pas[10] ?

HIPPIAS. – Oui, assurément.

SOCRATE. – Mais sont-ils doubles et trompeurs par sottise et manque de réflexion ou bien par une perfidie réfléchie[11] ?

tude à simuler une variété de compétences. Le *Sophiste* et le *Politique* (voyez par exemple 291a-b) les qualifieront de la même manière. Comme le souligne J.-F. Balaudé, art. cité, p. 270, Socrate ne cherche pas tant à poursuivre la définition de ce caractère (τρόπος) qu'à désigner la puissance ou la capacité (δύναμις) dont ce caractère est l'expression. Qu'est-ce qui rend possible l'ambivalence et la tromperie ?

11. C'est en répondant *sottement* à cette question qu'Hippias va être réfuté : si la fin du dialogue paraît aporétique, c'est simplement que la réponse soutenue ici est irrecevable. Que le plus perfide soit aussi le plus réfléchi est une hypothèse fausse dont le reste de l'entretien expose les conséquences absurdes.

ΙΠ. Ὑπὸ πανουργίας πάντων μάλιστα καὶ φρονήσεως.

ΣΩ. Φρόνιμοι μὲν ἄρα εἰσίν, ὡς ἔοικεν.

ΙΠ. Ναὶ μὰ Δία, λίαν γε.

ΣΩ. Φρόνιμοι δὲ ὄντες οὐκ ἐπίστανται ὅ τι ποιοῦσιν ἢ ἐπίστανται ;

ΙΠ. Καὶ μάλα σφόδρα ἐπίστανται· διὰ ταῦτα καὶ κακουργοῦσιν.

ΣΩ. Ἐπιστάμενοι δὲ ταῦτα ἃ ἐπίστανται, πότερον ἀμαθεῖς εἰσιν ἢ σοφοί ;

ΙΠ. Σοφοὶ μὲν οὖν αὐτά γε ταῦτα, ἐξαπατᾶν. 366

ΣΩ. Ἔχε δή· ἀναμνησθῶμεν τί ἐστιν ὃ λέγεις· τοὺς ψευδεῖς φῂς εἶναι δυνατοὺς καὶ φρονίμους καὶ ἐπιστήμονας καὶ σοφοὺς εἰς ἅπερ ψευδεῖς ;

ΙΠ. Φημὶ γὰρ οὖν.

ΣΩ. Ἄλλους δὲ τοὺς ἀληθεῖς τε καὶ ψευδεῖς, καὶ ἐναντιωτάτους ἀλλήλοις ;

ΙΠ. Λέγω ταῦτα.

ΣΩ. Φέρε δή· τῶν μὲν δυνατῶν τινὲς καὶ σοφῶν, ὡς ἔοικεν, εἰσὶν οἱ ψευδεῖς κατὰ τὸν σὸν λόγον.

ΙΠ. Μάλιστά γε.

ΣΩ. Ὅταν δὲ λέγῃς δυνατοὺς καὶ σοφοὺς εἶναι τοὺς b ψευδεῖς, εἰς αὐτὰ ταῦτα πότερον λέγεις δυνατοὺς εἶναι ψεύδεσθαι, ἐὰν βούλωνται, ἢ ἀδυνάτους εἰς ταῦτα ἅπερ ψεύδονται ;

ΙΠ. Δυνατοὺς ἔγωγε.

ΣΩ. Ὡς ἐν κεφαλαίῳ ἄρα εἰρῆσθαι, οἱ ψευδεῖς εἰσιν οἱ σοφοί τε καὶ δυνατοὶ ψεύδεσθαι.

HIPPIAS. – Oh ! par la perfidie la plus réfléchie !

SOCRATE. – Ce sont donc des gens réfléchis.

HIPPIAS. – Trop réfléchis, en vérité, par Zeus !

SOCRATE. – Et, réfléchis comme ils le sont, ignorent-ils ce qu'ils font ou le savent-ils ?

HIPPIAS. – Certes, ils le savent fort bien ; et c'est pour cela que ce sont des coquins.

SOCRATE. – Et sachant ce qu'ils savent, sont-ce des ignorants ou des gens savants ?

HIPPIAS. – Savants à coup sûr, au moins dans cet art, 366
qui est de tromper.

SOCRATE. – Arrêtons-nous un moment et remettons-nous bien en mémoire ce que tu dis. Tu déclares que les trompeurs sont des gens capables, réfléchis, sachant ce qu'ils font et savants à propos de ce sur quoi ils trompent.

HIPPIAS. – C'est bien ce que je dis.

SOCRATE. – Tu dis aussi que les gens véridiques sont autres que les trompeurs ; tu en fais deux classes d'hommes exactement opposées.

HIPPIAS. – Telle est ma pensée.

SOCRATE. – Bon : ainsi, d'après toi, les trompeurs sont au nombre des gens capables et savants ?

HIPPIAS. – Assurément.

SOCRATE. – Mais quand tu dis que les trompeurs sont
capables et savants, entends-tu par là qu'ils le sont préci- b
sément en ceci, qu'ils peuvent tromper s'ils le veulent, ou bien dis-tu qu'ils ne font pas ce qu'ils veulent quand ils trompent[12] ?

HIPPIAS. – J'entends qu'ils peuvent ce qu'ils veulent.

SOCRATE. – De sorte qu'en somme, les trompeurs sont ceux qui savent tromper et qui en ont la capacité.

12. C'est la première conséquence de l'hypothèse fausse d'Hippias : la nécessité de mentir si on en a l'aptitude. Elle est réfutée par l'absurde par Socrate, et elle le sera (voir l'Introduction, p. XIX-XX) avec véhémence par Aristote, dans la *Métaphysique*, Δ.

ΙΠ. Ναί.

ΣΩ. Ἀδύνατος ἄρα ψεύδεσθαι ἀνὴρ καὶ ἀμαθὴς οὐκ ἂν εἴη ψευδής.

ΙΠ. Ἔχει οὕτως.

ΣΩ. Δυνατὸς δέ γ' ἐστὶν ἕκαστος ἄρα ὃς ἂν ποιῇ τότε ὃ ἂν βούληται, ὅταν βούληται· οὐχ ὑπὸ νόσου λέγω ἐξειργόμενον οὐδὲ τῶν τοιούτων, ἀλλὰ ὥσπερ σὺ δυνατὸς εἶ γράψαι τοὐμὸν ὄνομα, ὅταν βούλῃ, οὕτω λέγω· ἢ οὐχ ὃς ἂν οὕτως ἔχῃ καλεῖς σὺ δυνατόν ; c

ΙΠ. Ναί.

ΣΩ. Λέγε δή μοι, ὦ Ἱππία, οὐ σὺ μέντοι ἔμπειρος εἶ λογισμῶν καὶ λογιστικῆς ;

ΙΠ. Πάντων μάλιστα, ὦ Σώκρατες.

ΣΩ. Οὐκοῦν εἰ καί τίς σε ἔροιτο τὰ τρὶς ἑπτακόσια ὁπόσος ἐστὶν ἀριθμός, εἰ βούλοιο, πάντων τάχιστα καὶ μάλιστ' ἂν εἴποις τἀληθῆ περὶ τούτου ; d

ΙΠ. Πάνυ γε.

ΣΠ. Ἆρα ὅτι δυνατώτατός τε εἶ καὶ σοφώτατος κατὰ ταῦτα ;

ΙΠ. Ναί.

ΣΠ. Πότερον οὖν σοφώτατός τ' εἶ καὶ δυνατώτατος μόνον, ἢ καὶ ἄριστος ταῦτα ἅπερ δυνατώτατός τε καὶ σοφώτατος, τὰ λογιστικά ;

ΙΠ. Καὶ ἄριστος δήπου, ὦ Σώκρατες.

ΣΩ. Τὰ μὲν δὴ ἀληθῆ σὺ ἂν δυνατώτατα εἴποις περὶ τούτων· ἦ γάρ ;

ΙΠ. Οἶμαι ἔγωγε.

13. Sur la distinction du volontaire et du nécessaire, cf. l'Introduction, p. XIII-XV.

HIPPIAS. – Oui certes.

SOCRATE. – Par conséquent, un homme qui n'a pas la capacité de tromper et qui est ignorant ne saurait être un trompeur.

HIPPIAS. – C'est la vérité.

SOCRATE. – Un homme est capable d'une chose quand il peut faire ce qu'il veut au moment où il le veut. c
Je ne parle pas ici d'empêchements provenant de maladies ni d'autres causes semblables. Tu es capable d'écrire mon nom quand tu le désires. C'est là ce que je veux dire. N'est-ce pas ce que, toi aussi, tu entends en parlant de capacité[13] ?

HIPPIAS. – Parfaitement.

SOCRATE. – Dis-moi, Hippias, n'est-tu pas compétent en matière de nombres et de calculs[14] ?

HIPPIAS. – Plus que personne, Socrate.

SOCRATE. – Par exemple, si quelqu'un te demandait combien font trois fois sept cents, tu donnerais plus vite
et mieux que personne, si tu le voulais, le produit exact ? d

HIPPIAS. – Justement.

SOCRATE. – N'est-ce pas parce que, en cette matière, tu es le plus capable et le plus savant ?

HIPPIAS. – Oui.

SOCRATE. – Est-ce assez dire ? n'est-tu pas aussi le meilleur là où tu es le plus capable et le plus savant, dans les calculs ?

HIPPIAS. – Certes, j'y suis le meilleur, Socrate.

SOCRATE. – Ainsi tu serais le plus capable de dire la vérité en cette matière, n'est-ce pas ?

HIPPIAS. – Je le pense, en effet.

14. S'agissant des compétences mathématiques d'Hippias, voyez la Note critique en fin de volume. La « logistique », le simple calcul, se distingue de l'étude théorique des nombres, l'« arithmétique » (voir *République*, VII, 522b-526c).

ΣΩ. Τί δὲ τὰ ψευδῆ περὶ τῶν αὐτῶν τούτων; καί μοι, e
ὥσπερ τὰ πρότερα, γενναίως καὶ μεγαλοπρεπῶς ἀπόκριναι,
ὦ Ἱππία· εἴ τίς σε ἔροιτο τὰ τρὶς ἑπτακόσια πόσα ἐστί,
πότερον σὺ ἂν μάλιστα ψεύδοιο καὶ ἀεὶ κατὰ ταὐτὰ ψευδῆ
λέγοις περὶ τούτων, βουλόμενος ψεύδεσθαι καὶ μηδέποτε
ἀληθῆ ἀποκρίνεσθαι, ἢ ὁ ἀμαθὴς εἰς λογισμοὺς δύναιτ' ἂν
σοῦ μᾶλλον ψεύδεσθαι βουλομένου; ἢ ὁ μὲν ἀμαθὴς πολλά- 367
κις ἂν βουλόμενος ψευδῆ λέγειν τἀληθῆ ἂν εἴποι ἄκων, εἰ
τύχοι, διὰ τὸ μὴ εἰδέναι, σὺ δὲ ὁ σοφός, εἴπερ βούλοιο ψεύ-
δεσθαι, ἀεὶ ἂν κατὰ τὰ αὐτὰ ψεύδοιο;

ΙΠ. Ναί, οὕτως ἔχει, ὡς σὺ λέγεις.

ΣΩ. Ὁ ψευδὴς οὖν πότερον περὶ μὲν τἆλλα ψευδής ἐστιν, οὐ μέντοι περὶ ἀριθμὸν οὐδὲ ἀριθμῶν ἂν ψεύσαιτο;

ΙΠ. Καὶ ναὶ μὰ Δία περὶ ἀριθμόν.

ΖΩ. Θῶμεν ἄρα καὶ τοῦτο, ὦ Ἱππία, περὶ λογισμὸν καὶ
ἀριθμὸν εἶναί τινα ἄνθρωπον ψευδῆ. b

ΙΠ. Ναί.

ΣΩ. Τίς οὖν ἂν εἴη οὗτος; οὐχὶ δεῖ ὑπάρχειν αὐτῷ, εἴπερ μέλλει ψευδὴς ἔσεσθαι, ὡς σὺ ἄρτι ὡμολόγεις, δυνατὸν εἶναι ψεύδεσθαι; ὁ γὰρ ἀδύνατος ψεύδεσθαι, εἰ μέμνησαι, ὑπὸ σοῦ ἐλέγετο ὅτι οὐκ ἄν ποτε ψευδὴς γένοιτο.

ΙΠ. Ἀλλὰ μέμνημαι, καὶ ἐλέχθη οὕτως.

ΣΩ. Οὐκοῦν ἄρτι ἐφάνης σὺ δυνατώτατος ὢν ψεύδεσθαι περὶ λογισμῶν;

ΙΠ. Ναί, ἐλέχθη γέ τοι καὶ τοῦτο.

ΣΩ. Ἆρ' οὖν καὶ δυνατώτατος εἶ ἀληθῆ λέγειν περὶ λο- c
γισμῶν;

ΙΠ. Πάνυ γε.

SOCRATE. – Et de tromper sur le même sujet ? Allons, e
réponds-moi comme tu l'as fait jusqu'ici, bravement et hardiment, Hippias. Si quelqu'un te demandait combien font trois fois sept cents, n'est-ce pas toi qui pourrais le mieux le tromper et soutenir une affirmation fausse sans varier, si tu voulais mentir et ne jamais répondre ce qui serait vrai ? ou, au contraire, serait-ce l'ignorant en cette matière qui pourrait tromper mieux que toi, si tu le 367
voulais ? ne crois-tu pas que cet ignorant, tout en voulant mentir, dirait parfois la vérité sans le vouloir et par hasard, faute de savoir, tandis que toi, le savant, si tu voulais mentir, tu mentirais sans varier ?

HIPPIAS. – C'est vrai ; tu as raison.

SOCRATE. – Maintenant, peut-on tromper en toute chose, sauf en matière de nombres, ou bien pourrait-on aussi tromper à propos de nombres ?

HIPPIAS. – Par Zeus, à propos de nombres tout aussi bien.

SOCRATE. – Admettons donc, Hippias, qu'il peut
existen quelque homme qui soit trompeur en fait de b
calculs et de nombres.

HIPPIAS. – Oui.

SOCRATE. – Comment le concevrons-nous ? ne faut-il pas, pour qu'il soit trompeur, comme tu en convenais tout à l'heure, qu'il soit capable de tromper ? car celui qui en serait incapable, si tu t'en souviens, tu as déclaré qu'il ne saurait être trompeur.

HIPPIAS. – Je m'en souviens fort bien, je l'ai déclaré.

SOCRATE. – Et c'est ainsi que tu t'es révélé à l'instant comme le plus capable de mentir en matière de calculs.

HIPPIAS. – En effet, on l'a dit.

SOCRATE. – Mais n'es-tu pas aussi le plus capable de c
dire la vérité à propos de calculs ?

HIPPIAS. – Assurément.

ΣΩ. Οὐκοῦν ὁ αὐτὸς ψευδῆ καὶ ἀληθῆ λέγειν περὶ λογισμῶν δυνατός; οὗτος δ' ἐστὶν ὁ ἀγαθὸς περὶ τούτων, ὁ λογιστικός.

ΙΠ. Ναί.

ΣΩ. Τίς οὖν ψευδὴς περὶ λογισμῶν γίγνεται, ὦ Ἱππία, ἄλλος ἢ ὁ ἀγαθός; οὗτος γὰρ καὶ δυνατός· οὗτος δὲ καὶ ἀληθής.

ΙΠ. Φαίνεται.

ΣΩ. Ὁρᾷς οὖν, ὅτι ὁ αὐτὸς ψευδής τε καὶ ἀληθὴς περὶ τούτων καὶ οὐδὲν ἀμείνων ὁ ἀληθὴς τοῦ ψευδοῦς; ὁ αὐτὸς γὰρ δήπου ἐστὶ καὶ οὐκ ἐναντιώτατα ἔχει, ὥσπερ σὺ ᾤου ἄρτι. d

ΙΠ. Οὐ φαίνεται ἐνταῦθά γε.

ΣΩ. Βούλει οὖν σκεψώμεθα καὶ ἄλλοθι;

ΙΠ. Εἰ [ἄλλως] γε σὺ βούλει.

ΣΩ. Οὐκοῦν καὶ γεωμετρίας ἔμπειρος εἶ;

ΙΠ. Ἔγωγε.

ΣΩ. Τί οὖν; οὐ καὶ ἐν γεωμετρίᾳ οὕτως ἔχει; ὁ αὐτὸς δυνατώτατος ψεύδεσθαι καὶ ἀληθῆ λέγειν περὶ τῶν διαγραμμάτων, ὁ γεωμετρικός;

ΙΠ. Ναί.

ΣΩ. Περὶ ταῦτα οὖν ἀγαθὸς ἄλλος τις ἢ οὗτος;

ΙΠ. Οὐκ ἄλλος. e

ΣΩ. Οὐκοῦν ὁ ἀγαθὸς καὶ σοφὸς γεωμέτρης δυνατώτατός γε ἀμφότερα; καὶ εἴπερ τις ἄλλος ψευδὴς περὶ διαγράμ-

SOCRATE. – Ainsi, c'est le même homme qui est capable de mentir et de dire vrai en matière de calculs ; et celui-là, celui qui calcule, c'est l'homme qui est bon au calcul.

HIPPIAS. – Oui.

SOCRATE. – Alors, Hippias, qui donc trompe en matière de calculs, sinon celui qui y est bon ? c'est lui en effet qui en est capable. Et c'est lui aussi qui dit la vérité.

HIPPIAS. – Il y a apparence.

SOCRATE. – Tu vois qu'en cela le même homme trompe et dit vrai et que l'homme véridique n'est pas meilleur que le trompeur, puisqu'ils ne font qu'un, bien d
loin qu'ils soient opposés l'un à l'autre, comme tu le pensais.

HIPPIAS. – En effet, à raisonner ainsi, il ne paraît pas qu'ils soient opposés.

SOCRATE. – Veux-tu que nous prenions un autre exemple ?

HIPPIAS. – Prenons, si tu veux.

SOCRATE. – Tu es également versé dans la géométrie ?

HIPPIAS. – Oui, certes.

SOCRATE. – Eh bien, en géométrie, n'en est-il pas de même ? n'est-ce pas le même homme qui est le plus capable de tromper et de dire vrai à propos de figures, le bon géomètre ?

HIPPIAS. – En effet.

SOCRATE. – Et, en cette matière, y en a-t-il un autre que lui qui soit bon[15] ?

HIPPIAS. – Aucun autre. e

SOCRATE. – Ainsi, c'est le géomètre bon et savant qui est le plus capable de ces deux choses ; et s'il y a un

15. Socrate introduit une conséquence supplémentaire : si, comme il le tient, l'homme bon (à quelque chose) est celui qui sait (ce qu'est cette chose), alors il faut en conclure (du fait de la confusion initiale d'Hippias), que l'homme bon est, en général, celui qui trompe.

ματα, οὗτος ἂν εἴη, ὁ ἀγαθός; οὗτος γὰρ δυνατός, ὁ δὲ κακὸς ἀδύνατος ἦν ψεύδεσθαι· ὥστε οὐκ ἂν γένοιτο ψευδὴς ὁ μὴ δυνάμενος ψεύδεσθαι, ὡς ὡμολόγηται.

ΙΠ. Ἔστι ταῦτα.

ΣΩ. Ἔτι τοίνυν καὶ τὸν τρίτον ἐπισκεψώμεθα, τὸν ἀστρονόμον· ἧς αὖ σὺ τέχνης ἔτι μᾶλλον ἐπιστήμων οἴει
εἶναι ἢ τῶν ἔμπροσθεν· ἦ γάρ, ὦ Ἱππία; 368

ΙΠ. Ναί.

ΣΩ. Οὐκοῦν καὶ ἐν ἀστρονομίᾳ ταὐτὰ ταῦτά ἐστιν;

ΙΠ. Εἰκός γε, ὦ Σώκρατες.

ΣΩ. Καὶ ἐν ἀστρονομίᾳ ἄρα εἴπερ τις καὶ ἄλλος ψευδής, ὁ ἀγαθὸς ἀστρονόμος ψευδὴς ἔσται, ὁ δυνατὸς ψεύδεσθαι· οὐ γάρ ὅ γε ἀδύνατος· ἀμαθὴς γάρ.

ΙΠ. Φαίνεται οὕτως.

ΣΩ. Ὁ αὐτὸς ἄρα καὶ ἐν ἀστρονομίᾳ ἀληθής τε καὶ ψευδὴς ἔσται.

ΙΠ. Ἔοικεν.

ΣΩ. Ἴθι δή, ὦ Ἱππία, ἀνέδην οὑτωσὶ ἐπίσκεψαι κατὰ
πασῶν τῶν ἐπιστημῶν, εἴ πού ἐστιν ἄλλως ἔχον ἢ οὕτως. b
Πάντως δὲ πλείστας τέχνας πάντων σοφώτατος εἶ ἀνθρώπων, ὡς ἐγώ ποτέ σου ἤκουον μεγαλαυχουμένου, πολλὴν σοφίαν καὶ ζηλωτὴν σαυτοῦ διεξιόντος ἐν ἀγορᾷ ἐπὶ ταῖς τραπέζαις· ἔφησθα δὲ ἀφικέσθαι ποτὲ εἰς Ὀλυμπίαν ἃ εἶχες περὶ τὸ σῶμα ἅπαντα σαυτοῦ ἔργα ἔχων· πρῶτον μὲν δακτύλιον — ἐντεῦθεν γὰρ ἤρχου — ὃν εἶχες σαυτοῦ ἔχειν
ἔργον, ὡς ἐπιστάμενος δακτυλίους γλύφειν, καὶ ἄλλην σφρα- c
γῖδα σὸν ἔργον, καὶ στλεγγίδα καὶ λήκυθον, ἃ αὐτὸς εἰργάσω· ἔπειτα ὑποδήματα ἃ εἶχες ἔφησθα αὐτὸς σκυτοτομῆσαι, καὶ τὸ ἱμάτιον ὑφῆναι καὶ τὸν χιτωνίσκον· καὶ ὅ γε πᾶσιν ἔδοξεν

homme qui trompe en fait de figures, c'est lui, le bon géomètre ; il est celui qui en est capable ; l'ignorant est incapable de tromper et l'on ne saurait être trompeur, quand on est incapable de tromper, nous l'avons reconnu.

HIPPIAS. – J'en conviens.

SOCRATE. – Prenons encore un troisième exemple, l'astronomie ; c'est une science que tu dis connaître mieux encore que les précédentes. N'est-il pas vrai, 368
Hippias ?

HIPPIAS. – Oui.

SOCRATE. – Or, en astronomie aussi, n'en est-il pas de même ?

HIPPIAS. – Cela est vraisemblable, Socrate.

SOCRATE. – Donc en astronomie aussi, s'il y a quelqu'un qui trompe, c'est le bon astronome qui sera le trompeur, étant l'homme capable de tromper. Ce ne peut pas être celui qui en est incapable, vu son ignorance.

HIPPIAS. – Évidemment.

SOCRATE. – Par conséquent, en astronomie aussi, c'est le même homme qui dit vrai et qui trompe.

HIPPIAS. – Cela paraît vrai.

SOCRATE. – Eh bien, Hippias, procède ainsi à loisir
pour toutes les sciences, et vois s'il n'en est pas de b
même de toutes. Certainement, tu es le plus savant des hommes dans bon nombre de techniques. Ne t'ai-je pas entendu t'en vanter, quand tu énumérais la variété vraiment enviable de tes aptitudes sur la place publique, près des comptoirs des banquiers ? Tu disais que tu étais venu un jour à Olympie, n'ayant rien sur ta personne qui ne fût l'œuvre de tes mains. Et d'abord l'anneau que tu portais au doigt – c'est par là que tu commençais –,
c'était toi qui l'avais fait, car tu savais ciseler un c
anneau ; et aussi ton cachet ; puis ton étrille et ton flacon d'huile ; tout cela était ton œuvre. Tu ajoutais que tes chaussures même, tu les avais fabriquées, et que tu avais tissé aussi ton manteau et ta tunique. Mais, ce qui éton-

ἀτοπώτατον καὶ σοφίας πλείστης ἐπίδειγμα, ἐπειδὴ τὴν ζώνην ἔφησθα τοῦ χιτωνίσκου ἣν εἶχες εἶναι μὲν οἷαι αἱ Περσικαὶ τῶν πολυτελῶν, ταύτην δὲ αὐτὸς πλέξαι· πρὸς δὲ τούτοις ποιήματα ἔχων ἐλθεῖν, καὶ ἔπη καὶ τραγῳδίας καὶ διθυράμβους, καὶ καταλογάδην πολλοὺς λόγους καὶ παντο- d
δαποὺς συγκειμένους· καὶ περὶ τῶν τεχνῶν δὴ ὧν ἄρτι ἐγὼ ἔλεγον ἐπιστήμων ἀφικέσθαι διαφερόντως τῶν ἄλλων, καὶ περὶ ῥυθμῶν καὶ ἁρμονιῶν καὶ γραμμάτων ὀρθότητος, καὶ ἄλλα ἔτι πρὸς τούτοις πάνυ πολλά, ὡς ἐγὼ δοκῶ μνημονεύειν· καίτοι τό γε μνημονικὸν ἐπελαθόμην σου, ὡς ἔοικε, τέχνημα, ἐν ᾧ σὺ οἴει λαμπρότατος εἶναι· οἶμαι δὲ καὶ ἄλλα πάμπολλα ἐπιλελῆσθαι. Ἀλλ' ὅπερ ἐγὼ λέγω, καὶ εἰς τὰς e
σαυτοῦ τέχνας βλέψας — ἱκαναὶ δέ — καὶ εἰς τὰς τῶν ἄλλων εἰπέ μοι, ἐάν που εὕρῃς ἐκ τῶν ὡμολογημένων ἐμοί τε καὶ σοί, ὅπου ἐστὶν ὁ μὲν ἀληθής, ὁ δὲ ψευδής, χωρὶς καὶ οὐχ ὁ αὐτός; Ἐν ᾗ τινι βούλει σοφίᾳ τοῦτο σκέψαι ἢ πανουργίᾳ ἢ ὁτιοῦν χαίρεις ὀνομάζων· ἀλλ' οὐχ εὑρήσεις, 369
ὦ ἑταῖρε· οὐ γάρ ἐστιν· ἐπεὶ σὺ εἰπέ.

ΙΠ. Ἀλλ' οὐκ ἔχω, ὦ Σώκρατες, νῦν γε οὕτως.

ΣΩ. Οὐδέ γε ἕξεις, ὡς ἐγὼ οἶμαι· εἰ δ' ἐγὼ ἀληθῆ λέγω, μέμνησαι ὃ ἡμῖν συμβαίνει ἐκ τοῦ λόγου, ὦ Ἱππία.

ΙΠ. Οὐ πάνυ τι ἐννοῶ, ὦ Σώκρατες, ὃ λέγεις.

ΣΩ. Νυνὶ γὰρ ἴσως οὐ χρῇ τῷ μνημονικῷ τεχνήματι· δῆλον γὰρ ὅτι οὐκ οἴει δεῖν· ἀλλὰ ἐγώ σε ὑπομνήσω· οἶσθα ὅτι τὸν μὲν Ἀχιλλέα ἔφησθα ἀληθῆ εἶναι, τὸν δὲ Ὀδυσσέα ψευδῆ καὶ πολύτροπον; b

16. La mnémotechnie désigne en propre un talent sophistique (*Hippias majeur*, 285e-286a, où Hippias se vante : « Il me suffit d'entendre une fois cinquante noms de suite pour les retenir »), dont Platon conteste la valeur (le même talent mnémotechnique est reconnu aux

nait le plus tous tes auditeurs, ce qui fit ressortir ton
extraordinaire savoir, ce fut de t'entendre affirmer que la
ceinture de ta tunique était identique à ce qui se fait en
Perse de plus riche et qùe tu l'avais tressée toi-même. En
outre, tu annonçais que tu apportais des poèmes,
épopées, tragédies, dithyrambes, que sais-je encore? d
beaucoup de discours en prose de toute espèce. Tu ajou-
tais, à propos des techniques dont je parlais à l'instant,
que tu t'y entendais mieux que personne, ainsi qu'aux
rythmes, aux modes musicaux, à la grammaire et à
quantité d'autres choses, si je m'en souviens bien. Ah!
j'oubliais, je crois la mnémotechnie, dont tu te fais le
plus d'honneur; et combien d'autres choses, sans doute, e
qui ne me reviennent pas[16] ! Mais voici ce que je veux
dire: dans toutes ces techniques que tu possèdes
– combien nombreuses! – et dans les autres, dis-moi,
après ce que nous venons de constater ensemble, en
trouves-tu une seule où celui qui dit vrai soit autre que
celui qui trompe, où ce ne soit pas un seul et même
homme? Vois, considère toutes les formes de savoir,
toutes les roueries, tout ce que tu voudras; tu n'en trou- 369
veras pas, mon ami; car il n'y en a pas. S'il y en a une,
nomme-la.

HIPPIAS. – Je n'en vois pas, Socrate, pour le moment.

SOCRATE. – Et tu n'en verras jamais, à mon avis. Si donc je dis vrai, tu te rappelles, Hippias, ce qui résulte de notre examen.

HIPPIAS. – Je n'ai pas bien présent à l'esprit ce que tu veux dire, Socrate.

SOCRATE. – C'est apparemment que tu n'emploies
pas ta mnémotechnie; tu penses sans doute qu'il n'y a
pas lieu. C'est donc moi qui rappellerai tes souvenirs. Tu
disais d'Achille qu'il était véridique, et d'Ulysse qu'il
était trompeur et double. Ne te le rappelles-tu pas? b

rhapsodes; Socrate s'en moque dans l'*Ion*, 539a). Hippias passe pour l'inventeur de la mnémotechnie (voir la Note critique, p. 53-56).

ΙΠ. Ναί.

ΣΩ. Νῦν οὖν αἰσθάνῃ ὅτι ἀναπέφανται ὁ αὐτὸς ὢν ψευδής τε καὶ ἀληθής, ὥστε εἰ ψευδὴς ὁ Ὀδυσσεὺς ἦν, καὶ ἀληθὴς γίγνεται, καὶ εἰ ἀληθὴς ὁ Ἀχιλλεύς, καὶ ψευδής, καὶ οὐ διάφοροι ἀλλήλων οἱ ἄνδρες οὐδ' ἐναντίοι, ἀλλ' ὅμοιοι;

ΙΠ. Ὦ Σώκρατες, ἀεὶ σύ τινας τοιούτους πλέκεις λόγους, καὶ ἀπολαμβάνων ὃ ἂν ᾖ δυσχερέστατον τοῦ λόγου, τούτου ἔχῃ κατὰ σμικρὸν ἐφαπτόμενος, καὶ οὐχ ὅλῳ ἀγω- c
νίζῃ τῷ πράγματι περὶ ὅτου ἂν ὁ λόγος ᾖ· ἐπεὶ καὶ νῦν, ἐὰν βούλῃ, ἐπὶ πολλῶν τεκμηρίων ἀποδείξω σοι ἱκανῷ λόγῳ Ὅμηρον Ἀχιλλέα πεποιηκέναι ἀμείνω Ὀδυσσέως καὶ ἀψευδῆ, τὸν δὲ δολερόν τε καὶ πολλὰ ψευδόμενον καὶ χείρω Ἀχιλλέως. Εἰ δὲ βούλει, σὺ αὖ ἀντιπαράβαλλε λόγον παρὰ λόγον, ὡς ὁ ἕτερος ἀμείνων ἐστί· καὶ μᾶλλον εἴσονται οὗτοι ὁπότερος ἄμεινον λέγει.

ΣΩ. Ὦ Ἱππία, ἐγώ τοι οὐκ ἀμφισβητῶ μὴ οὐχὶ σὲ εἶναι d
σοφώτερον ἢ ἐμέ· ἀλλ' ἀεὶ εἴωθα, ἐπειδάν τις λέγῃ τι, προσέχειν τὸν νοῦν, ἄλλως τε καὶ ἐπειδάν μοι δοκῇ σοφὸς εἶναι ὁ λέγων, καὶ ἐπιθυμῶν μαθεῖν ὅ τι λέγει διαπυνθάνομαι καὶ ἐπανασκοπῶ καὶ συμβιβάζω τὰ λεγόμενα, ἵνα μάθω· ἐὰν δὲ φαῦλος δοκῇ μοι εἶναι ὁ λέγων, οὔτε ἐπανερωτῶ οὔτε μοι μέλει ὧν λέγει· καὶ γνώσῃ τούτῳ οὓς ἂν ἐγὼ ἡγῶμαι σοφοὺς εἶναι· εὑρήσεις γάρ με λιπαρῆ ὄντα περὶ τὰ λεγόμενα ὑπὸ τούτου καὶ πυνθανόμενον παρ' αὐτοῦ, ἵνα e
μαθών τι ὠφεληθῶ. Ἐπεὶ καὶ νῦν ἐννενόηκα σοῦ λέγοντος ὅτι ἐν τοῖς ἔπεσιν οἷς σὺ ἄρτι ἔλεγες, ἐνδεικνύμενος τὸν Ἀχιλλέα εἰς τὸν Ὀδυσσέα λέγειν ὡς ἀλαζόνα ὄντα, ἄτοπόν μοι δοκεῖ εἶναι, εἰ σὺ ἀληθῆ λέγεις, ὅτι ὁ μὲν Ὀδυσσεὺς

HIPPIAS. – Si.

SOCRATE. – Or, à présent, il est hors de doute pour nous, tu le vois, que le même homme est trompeur et véridique ; de sorte que si Ulysse était trompeur, il devient en même temps véridique, et si Achille était véridique, il est trompeur ; bien loin d'être différents et contraires, nos deux personnages sont tout pareils.

HIPPIAS. – Socrate, voilà bien un de ces raisonnements que tu t'entends à tisser ! Tu détaches un morceau d'argumentation, le plus abstrus, tu t'y tiens, tu t'at- c
taches à un détail, au lieu de t'en prendre à l'ensemble du sujet en discussion. Reprenons notre exemple : je vais te démontrer avec force preuves, si tu le veux, et en bonne forme, qu'Homère a représenté son Achille meilleur qu'Ulysse et incapable de tromperie, tandis que l'autre, il l'a fait rusé, usant sans cesse de mensonge et en somme inférieur à Achille. À ton tour, si bon te semble, oppose discours à discours, et démontre qu'Ulysse est supérieur. De la sorte, nos auditeurs sauront mieux lequel de nos discours est le meilleur.

SOCRATE. – Hippias, je ne conteste pas du tout que tu d
ne sois plus savant que moi. Ma coutume à moi, c'est, lorsque quelqu'un dit une chose, d'y donner toute mon attention, surtout quand celui qui parle me semble savant ; et, comme je désire m'instruire de ce qu'il dit, je le questionne obstinément, je retourne ses paroles, je les rapproche, pour les mieux comprendre. Au contraire, si mon interlocuteur me semble sans valeur, je m'en tiens à la première question et je ne me soucie pas de ce qu'il dit. Par là, tu reconnaîtras ceux que j'estime savants. Car tu me verras alors m'attacher à leurs paroles, les inter- e
roger, pour m'instruire et en tirer profit. C'est ainsi qu'en t'écoutant, j'ai remarqué les vers qui montraient, selon toi, comment Achille, en s'adressant à Ulysse, laisse voir qu'il le tient pour un vain discoureur ; et il me semblait étrange, si ce que tu disais était vrai, que nulle part chez Homère Ulysse, l'homme à double face, ne dise une 370

οὐδαμοῦ φαίνεται ψευσάμενος, ὁ πολύτροπος, ὁ δὲ Ἀχιλλεὺς 370
πολύτροπός τις φαίνεται κατὰ τὸν σὸν λόγον· ψεύδεται
γοῦν· προειπὼν γὰρ ταῦτα τὰ ἔπη, ἅπερ καὶ σὺ εἶπες ἄρτι·

ἐχθρὸς γάρ μοι κεῖνος ὁμῶς Ἀΐδαο πύλῃσιν,
ὅς χ' ἕτερον μὲν κεύθῃ ἐνὶ φρεσίν, ἄλλο δὲ εἴπῃ,

ὀλίγον ὕστερον λέγει ὡς οὔτ' ἂν ἀναπεισθείη ὑπὸ τοῦ b
Ὀδυσσέως τε καὶ τοῦ Ἀγαμέμνονος οὔτε μένοι τὸ παράπαν
ἐν τῇ Τροίᾳ, ἀλλ'·

αὔριον ἱρὰ Διὶ ῥέξας, φησί, καὶ πᾶσι θεοῖσιν,
νηήσας εὖ νῆας, ἐπὴν ἅλαδε προερύσσω,
ὄψεαι, αἴ κ' ἐθέλῃσθα καὶ αἴ κέν τοι τά μεμήλῃ,
ἦρι μάλ' Ἑλλήσποντον ἐπ' ἰχθυόεντα πλεούσας
νῆας ἐμάς, ἐν δ' ἄνδρας ἐρεσσέμεναι μεμαῶτας· c
εἰ δέ κεν εὐπλοΐην δώῃ κλυτὸς Ἐννοσίγαιος,
ἤματί κεν τριτάτῳ Φθίην ἐρίβωλον ἱκοίμην.

Ἔτι δὲ πρότερον τούτων πρὸς τὸν Ἀγαμέμνονα λοιδορούμενος εἶπεν·

νῦν δ' εἶμι Φθίηνδ', ἐπεὶ ἦ πολὺ λώϊόν ἐστιν
οἴκαδ' ἴμεν σὺν νηυσὶ κορωνίσιν, οὐδέ σ' ὀΐω
ἐνθάδ' ἄτιμος ἐὼν ἄφενος καὶ πλοῦτον ἀφύξειν. d

Ταῦτα εἰπὼν τοτὲ μὲν ἐναντίον τῆς στρατιᾶς ἁπάσης, τοτὲ δὲ πρὸς τοὺς ἑαυτοῦ ἑταίρους, οὐδαμοῦ φαίνεται οὔτε παρασκευασάμενος οὔτ' ἐπιχειρήσας καθέλκειν τὰς ναῦς ὡς ἀποπλευσούμενος οἴκαδε, ἀλλὰ πάνυ γενναίως ὀλιγωρῶν

chose fausse, tandis qu'Achille, au contraire, se montre vraiment double comme tu dis. Car il est certain qu'il ment. Vois : il commence par prononcer les paroles que tu viens de citer :

*« Oui, je déteste autant que les portes d'Aïdès celui qui cache une chose dans son esprit et en dit une autre*[17]. *»*

Puis, peu après, il assure que ni Ulysse ni b
Agamemnon ne le feront changer de résolution, qu'en aucun cas il ne restera devant Troie :

*« Dès demain, dit-il, après un sacrifice à Zeus et à tous les dieux, je chargerai mes vaisseaux, je les ferai tirer à la mer, et alors, si tu le veux et si cela t'intéresse,*
*tu verras, le matin, mes vaisseaux voguer jusqu'où finit* c
*l'Hellespont poissonneux, et, sur ces vaisseaux, mes hommes ramant avec ardeur. Puis, si le dieu puissant qui secoue la terre me donne une heureuse traversée, le troisième jour j'atteindrai le rivage fertile de Phtie. »*

Il y a plus : précédemment, quand il injuriait Agamemnon, qu'avait-il déclaré ?

*« Donc, je vais retourner en Phtie ; car il vaut bien mieux pour moi revenir en mon pays avec mes vaisseaux recourbés ; et je n'ai pas l'intention de demeurer ici,*
*privé d'honneurs, pour t'amasser à toi richesse et* d
*trésors*[18]. *»*

Eh bien, après avoir dit cela, soit en présence de l'armée entière, soit devant ses compagnons d'armes, on ne le voit nulle part, ni se préparer ni se mettre à tirer ses vaisseaux pour s'en retourner chez lui ; loin de là : le plus bravement du monde, il fait fi de toute sincérité.

17. Il s'agit toujours de la scène des Prières du livre IX de l'*Iliade* ; Socrate cite les v. 357-363.

18. *Iliade*, I, v. 169-171 (il s'agit de la « Querelle » entre Agamemnon et Achille).

τοῦ τἀληθῆ λέγειν. Ἐγὼ μὲν οὖν, ὦ Ἱππία, καὶ ἐξ ἀρχῆς σε ἠρόμην ἀπορῶν ὁπότερος τούτοιν τοῖν ἀνδροῖν ἀμείνων πεποίηται τῷ ποιητῇ, καὶ ἡγούμενος ἀμφοτέρω ἀρίστω e
εἶναι καὶ δύσκριτον ὁπότερος ἀμείνων εἴη καὶ περὶ ψεύδους καὶ ἀληθείας καὶ τῆς ἄλλης ἀρετῆς· ἀμφοτέρω γὰρ καὶ κατὰ τοῦτο παραπλησίω ἐστόν.

ΙΠ. Οὐ γὰρ καλῶς σκοπεῖς, ὦ Σώκρατες· ἃ μὲν γὰρ ὁ Ἀχιλλεὺς ψεύδεται, οὐκ ἐξ ἐπιβουλῆς φαίνεται ψευδόμενος, ἀλλ' ἄκων, διὰ τὴν συμφορὰν τὴν τοῦ στρατοπέδου ἀναγκασθεὶς καταμεῖναι καὶ βοηθῆσαι· ἃ δὲ ὁ Ὀδυσσεύς, ἑκών τε καὶ ἐξ ἐπιβουλῆς.

ΣΩ. Ἐξαπατᾷς με, ὦ φίλτατε Ἱππία, καὶ αὐτὸς τὸν Ὀδυσσέα μιμῇ.

ΙΠ. Οὐδαμῶς, ὦ Σώκρατες· λέγεις δὴ τί καὶ πρὸς τί; 371

ΣΩ. Ὅτι οὐκ ἐξ ἐπιβουλῆς φῂς τὸν Ἀχιλλέα ψεύδεσθαι, ὃς ἦν οὕτω γόης καὶ ἐπίβουλος πρὸς τῇ ἀλαζονείᾳ, ὡς πεποίηκεν Ὅμηρος, ὥστε καὶ τοῦ Ὀδυσσέως τοσοῦτον φαίνεται φρονεῖν πλέον πρὸς τὸ ῥᾳδίως λανθάνειν αὐτὸν ἀλαζονευόμενος, ὥστε ἐναντίον αὐτοῦ αὐτὸς ἑαυτῷ ἐτόλμα ἐναντία λέγειν καὶ ἐλάνθανεν τὸν Ὀδυσσέα· οὐδὲν γοῦν φαίνεται εἰπὼν πρὸς αὐτὸν ὡς αἰσθανόμενος αὐτοῦ ψευδομένου ὁ Ὀδυσσεύς. b

ΙΠ. Ποῖα δὴ ταῦτα λέγεις, ὦ Σώκρατες;

ΣΩ. Οὐκ οἶσθα ὅτι λέγων ὕστερον ἢ ὡς πρὸς τὸν Ὀδυσσέα ἔφη ἅμα τῇ ἠοῖ ἀποπλευσεῖσθαι, πρὸς τὸν Αἴαντα οὐκ αὖ φησιν ἀποπλευσεῖσθαι, ἀλλὰ ἄλλα λέγει;

19. C'est Hippias lui-même qui contredit ici pour une première fois sa propre hypothèse. Qu'Ulysse le trompeur ne trompe que malgré lui

Voilà pourquoi tout à l'heure, Hippias, je t'interrogeais, ne sachant trop lequel des deux personnages Homère a voulu représenter comme le meilleur ; j'imaginais que e tous deux étaient excellents et qu'il était difficile de décider lequel l'emportait en tromperie ou en véracité, comme en toute autre qualité. Je me disais qu'à cet égard aussi l'un valait l'autre.

HIPPIAS. – C'est que tu ne les juges pas comme il faut, Socrate. Quand Achille parle contre la vérité, ce n'est pas volontairement, c'est malgré lui ; le désastre du camp le contraint à rester et à secourir les siens. Ulysse, au contraire, ment volontairement et par mauvaise intention[19].

SOCRATE. – Ah ? vraiment, voici que tu cherches à me tromper, mon très cher Hippias, et, à ton tour, tu fais comme Ulysse.

HIPPIAS. – Moi, Socrate ! en aucune façon ; que 371 veux-tu dire ? comment cela ?

SOCRATE. – Quoi ! tu prétends qu'Achille ne parle pas avec intention contre la vérité, lui qui non seulement affirme à la légère, mais qui est représenté par Homère comme un vrai charlatan et un trompeur intentionnel ! Ne se juge-t-il pas bien supérieur à Ulysse, quand il croit pouvoir l'amuser à son insu par de vaines paroles, au point qu'il n'hésite pas à se contredire lui-même en sa présence, sans qu'Ulysse d'ailleurs s'en aperçoive. Du moins, rien dans ce qu'Ulysse lui dit n'indique qu'il ait conscience d'être dupé. b

HIPPIAS. – Comment ? à quoi fais-tu ainsi allusion, Socrate ?

SOCRATE. – Ne sais-tu pas qu'un instant après avoir dit à Ulysse qu'il prendrait la mer au point du jour, il déclare à Ajax qu'il ne s'en ira pas et tient un tout autre langage ?

est une concession importante à l'hypothèse socratique selon laquelle on ne fait le mal qu'involontairement (à comparer avec 366b-c).

ΙΠ. Ποῦ δή;

ΣΩ. Ἐν οἷς λέγει·

οὐ γὰρ πρὶν πολέμοιο μεδήσομαι αἱματόεντος,
πρίν γ' υἱὸν Πριάμοιο δαΐφρονος, Ἕκτορα δῖον, c
Μυρμιδόνων ἐπί τε κλισίας καὶ νῆας ἱκέσθαι
κτείνοντ' Ἀργείους, κατά τε φλέξαι πυρὶ νῆας.
ἀμφὶ δέ μιν τῇ 'μῇ κλισίῃ καὶ νηὶ μελαίνῃ
Ἕκτορα καὶ μεμαῶτα μάχης σχήσεσθαι δίω.

Σὺ δὴ οὖν, ὦ Ἱππία, πότερον οὕτως ἐπιλήσμονα οἴει εἶναι
τὸν τῆς Θέτιδός τε καὶ ὑπὸ τοῦ σοφωτάτου Χείρωνος πεπαι- d
δευμένον, ὥστε ὀλίγον πρότερον λοιδοροῦντα τοὺς ἀλαζόνας
τῇ ἐσχάτῃ λοιδορίᾳ αὐτὸν παραχρῆμα πρὸς μὲν τὸν Ὀδυσσέα
φάναι ἀποπλευσεῖσθαι, πρὸς δὲ τὸν Αἴαντα μενεῖν, ἀλλ'
οὐκ ἐπιβουλεύοντά τε καὶ ἡγούμενον ἀρχαῖον εἶναι τὸν
Ὀδυσσέα καὶ αὐτοῦ αὐτῷ τούτῳ τῷ τεχνάζειν τε καὶ ψεύ-
δεσθαι περιέσεσθαι.

ΙΠ. Οὔκουν ἔμοιγε δοκεῖ, ὦ Σώκρατες· ἀλλὰ καὶ αὐτὰ
ταῦτα ὑπὸ εὐηθείας ἀναπεισθεὶς πρὸς τὸν Αἴαντα ἄλλα e
εἶπεν ἢ πρὸς τὸν Ὀδυσσέα· ὁ δὲ Ὀδυσσεὺς ἅ τε ἀληθῆ
λέγει, ἐπιβουλεύσας ἀεὶ λέγει, καὶ ὅσα ψεύδεται ὡσαύτως.

ΣΠ. Ἀμείνων ἄρ' ἐστίν, ὡς ἔοικεν, ὁ Ὀδυσσεὺς Ἀχιλλέως.

ΙΠ. Ἥκιστά γε δήπου, ὦ Σώκρατες.

ΣΩ. Τί δέ; οὐκ ἄρτι ἐφάνησαν οἱ ἑκόντες ψευδόμενοι βελτίους ἢ οἱ ἄκοντες;

ΙΠ. Καὶ πῶς ἄν, ὦ Σώκρατες, οἱ ἑκόντες ἀδικοῦντες καὶ
ἑκόντες ἐπιβουλεύσαντες καὶ κακὰ ἐργασάμενοι βελτίους 372
ἂν εἶεν τῶν ἀκόντων, οἷς πολλὴ δοκεῖ συγγνώμη εἶναι, ἐὰν

HIPPIAS. – En quel passage ?

SOCRATE. – Quand il s'exprime ainsi :

*« Non, je ne prendrai plus part aux combats sanglants, avant que le fils du sage Priam, le divin* c
*Hector, n'arrive en massacrant les Argiens jusqu'aux tentes des Myrmidotis, où sont nos vaisseaux, et qu'il n'y mette le feu. Là, près de ma tente et de mon vaisseau noir, je me flatte d'arrêter Hector, si ardent qu'il soit au combat*[20]. »

Voyons, Hippias, penses-tu que vraiment lui, le fils de Thétis, instruit par le très sage Chiron, lorsqu'il vient d
un instant auparavant d'exprimer le plus profond mépris à l'égard de quiconque prononce des paroles vaines, ait la mémoire assez courte pour déclarer aussitôt après à Ulysse qu'il va s'en aller, à Ajax qu'il restera ? Et n'admets-tu pas qu'il le fait à dessein, persuadé qu'Ulysse est un bonhomme crédule sur lequel il ne peut manquer lui-même de l'emporter en fait d'habileté à tromper ?

HIPPIAS. – Oh ! ce n'est pas ainsi que j'en juge, Socrate. Non. Il a changé d'avis dans sa simplicité et e
voilà pourquoi il tient à Ajax un autre langage qu'à Ulysse. Quant à celui-ci, quand il dit la vérité, c'est toujours dans une vue intéressée ; et de même, quand il ment.

SOCRATE. – En ce cas, c'est Ulysse, à ce qu'il semble, qui est meilleur qu'Achille.

HIPPIAS. – Mais non, Socrate, pas le moins du monde.

SOCRATE. – Eh quoi ? n'avons-nous reconnu tout à l'heure que ceux qui trompent volontairement sont meilleurs que ceux qui le font involontairement ?

HIPPIAS. – Comment veux-tu, Socrate, que ceux qui sont volontairement injustes, qui préméditent le mal et 372
qui le font, soient meilleurs que ceux qui le font sans le

20. De nouveau au livre IX de l'*Iliade*, v. 650-655.

μὴ εἰδώς τις ἀδικήσῃ ἢ ψεύσηται ἢ ἄλλο τι κακὸν ποιήσῃ ;
Καὶ οἱ νόμοι δήπου πολὺ χαλεπώτεροί εἰσι τοῖς ἑκοῦσι κακὰ
ἐργαζομένοις καὶ φευδομένοις ἢ τοῖς ἄκουσιν.

ΣΩ. Ὁρᾷς, ὦ Ἱππία, ὅτι ἐγὼ ἀληθῆ λέγω, λέγων ὡς
λιπαρής εἰμι πρὸς τὰς ἐρωτήσεις τῶν σοφῶν ; καὶ κινδυ- b
νεύω ἓν μόνον ἔχειν τοῦτο ἀγαθόν, τἆλλα ἔχων πάνυ φαῦλα·
τῶν μὲν γὰρ πραγμάτων ᾗ ἔχει ἔσφαλμαι, καὶ οὐκ οἶδ' ὅπῃ
ἐστί. Τεκμήριον δέ μοι τούτου ἱκανόν, ὅτι ἐπειδὰν συγγέ-
νωμαί τῳ ὑμῶν τῶν εὐδοκιμούντων ἐπὶ σοφίᾳ καὶ οἷς οἱ
Ἕλληνες πάντες μάρτυρές εἰσι τῆς σοφίας, φαίνομαι οὐδὲν
εἰδώς· οὐδὲν γάρ μοι δοκεῖ τῶν αὐτῶν καὶ ὑμῖν, ὡς ἔπος
εἰπεῖν· καίτοι τί μεῖζον ἀμαθίας τεκμήριον ἢ ἐπειδάν τις c
σοφοῖς ἀνδράσι διαφέρηται ; ἓν δὲ τοῦτο θαυμάσιον ἔχω
ἀγαθόν, ὅ με σῴζει· οὐ γὰρ αἰσχύνομαι μανθάνων, ἀλλὰ πυν-
θάνομαι καὶ ἐρωτῶ καὶ χάριν πολλὴν ἔχω τῷ ἀποκρινομένῳ,
καὶ οὐδένα πώποτε ἀπεστέρησα χάριτος· οὐ γὰρ πώποτε
ἔξαρνος ἐγενόμην μαθών τι, ἐμαυτοῦ ποιούμενος τὸ μάθημα
εἶναι ὡς εὕρημα· ἀλλ' ἐγκωμιάζω τὸν διδάξαντά με ὡς
σοφὸν ὄντα, ἀποφαίνων ἃ ἔμαθον παρ' αὐτοῦ. Καὶ δὴ καὶ
νῦν ἃ σὺ λέγεις οὐχ ὁμολογῶ σοι, ἀλλὰ διαφέρομαι πάνυ d
σφόδρα· καὶ τοῦτ' εὖ οἶδα ὅτι δι' ἐμὲ γίγνεται, ὅτι τοιοῦτός
εἰμι οἷός πέρ εἰμι, ἵνα μηδὲν ἐμαυτὸν μεῖζον εἴπω. Ἐμοὶ
γὰρ φαίνεται, ὦ Ἱππία, πᾶν τοὐναντίον ἢ ὃ σὺ λέγεις· οἱ
βλάπτοντες τοὺς ἀνθρώπους καὶ ἀδικοῦντες καὶ ψευδόμενοι
καὶ ἐξαπατῶντες καὶ ἁμαρτάνοντες ἑκόντες, ἀλλὰ μὴ ἄκον-
τες, βελτίους εἶναι ἢ οἱ ἄκοντες. Ἐνίοτε μέντοι καὶ τοὐναν-

21. Cette ignorance légendaire de Socrate fait l'objet d'un examen *pro domo* dans l'*Apologie de Socrate*, 19a-24b (voir encore *Théétète*, 150b-e) ; elle est ici opposée au savoir illimité d'Hippias (368a-369a).

22. L'expression a un usage technique : différer d'opinion est un signe d'ignorance. L'hésitation entre des jugements distincts ou même contraires (c'est l'état qui caractérise l'opinion, essentiellement changeante) peut toutefois donner lieu à deux attitudes distinctes,

vouloir ? ceux-ci, après tout, me semblent assez dignes d'indulgence, puisque, s'ils sont injustes, s'ils trompent et font le mal, c'est à leur insu. Et, en fait, les lois sont bien plus sévères pour ceux qui font le mal et qui trompent volontairement que pour les autres.

SOCRATE. – Vois-tu, Hippias, combien j'ai raison de
dire que je suis tenace quand j'interroge les gens b
savants ? Et vraiment, il se pourrait qu'à défaut d'autres mérites, ce soit même là mon unique qualité. La réalité m'échappe, je ne sais pas ce qu'elle est. La preuve en est que, mis en présence d'un d'entre vous qui êtes renommés pour votre savoir, comme tous les Grecs en rendent témoignage, il apparaît que je ne sais rien[21]. Car il n'est à peu près rien sur quoi je m'accorde avec vous.
Or quelle meilleure preuve d'ignorance que de différer c
d'opinion avec ceux qui savent[22] ? Seulement j'ai un avantage merveilleux, et c'est ce qui me sauve : je ne rougis pas de me faire instruire, je questionne, j'interroge, et je sais le meilleur gré à ceux qui me répondent ; jamais je n'ai été ingrat envers aucun d'eux ; jamais je n'ai nié ce que je devais à qui m'a instruit ; jamais je n'ai prétendu avoir inventé ce qu'on m'a enseigné. Au contraire, je loue celui qui me donne des leçons comme un homme qui sait, et j'aime à publier ce que j'ai appris de lui. En bien, c'est ainsi qu'aujourd'hui je ne peux pas
m'accorder avec toi, tant s'en faut. Oh ! je sais fort bien d
que c'est moi qui en suis cause, et cela parce que je suis ce que je suis, pour user de termes modestes. Mais enfin, Hippias, la vérité me paraît à moi, tout le contraire de ce que tu dis : ceux qui nuisent aux autres, qui sont injustes, qui mentent et qui trompent, en un mot ceux qui font le mal volontairement et non malgré eux, ceux-là me paraissent meilleurs que ceux qui le font sans le vouloir.

selon qu'on persiste dans le conflit éristique des opinions ou que l'on décide, comme y invite Socrate, à s'instruire davantage ; cf. l'*Alcibiade*, 111b sq.

τίον δοκεῖ μοι τούτων καὶ πλανῶμαι περὶ ταῦτα, δῆλον ὅτι
διὰ τὸ μὴ εἰδέναι· νυνὶ δὲ ἐν τῷ παρόντι μοι ὥσπερ κατη- e
βολὴ περιελήλυθεν καὶ δοκοῦσί μοι οἱ ἑκόντες ἐξαμαρτάνοντες περί τι βελτίους εἶναι τῶν ἀκόντων. Αἰτιῶμαι δὲ τοῦ νῦν παρόντος παθήματος τοὺς ἔμπροσθεν λόγους αἰτίους εἶναι, ὥστε φαίνεσθαι νῦν ἐν τῷ παρόντι τοὺς ἄκοντας τούτων ἕκαστα ποιοῦντας πονηροτέρους ἢ τοὺς ἑκόντας. Σὺ οὖν χάρισαι καὶ μὴ φθονήσῃς ἰάσασθαι τὴν ψυχήν μου·
πολὺ γάρ τοι μεῖζόν με ἀγαθὸν ἐργάσῃ ἀμαθίας παύσας τὴν 373
ψυχὴν ἢ νόσου τὸ σῶμα. Μακρὸν μὲν οὖν λόγον εἰ 'θέλεις λέγειν, προλέγω σοι ὅτι οὐκ ἄν με ἰάσαιο — οὐ γὰρ ἂν ἀκολουθήσαιμι —· ὥσπερ δὲ ἄρτι εἰ 'θέλεις μοι ἀποκρίνεσθαι, πάνυ ὀνήσεις, οἶμαι δὲ οὐδ' αὐτὸν σὲ βλαβήσεσθαι. Δικαίως δ' ἂν καὶ σὲ παρακαλοίην, ὦ παῖ 'Απημάντου· σὺ γάρ με ἐπῆρας Ἱππίᾳ διαλέγεσθαι· καὶ νῦν, ἐὰν μή μοι ἐθέλῃ Ἱππίας ἀποκρίνεσθαι, δέου αὐτοῦ ὑπὲρ ἐμοῦ.

ΕΥ. 'Αλλ', ὦ Σώκρατες, οἶμαι οὐδὲν δεήσεσθαι Ἱππίαν
τῆς ἡμετέρας δεήσεως· οὐ γὰρ τοιαῦτα αὐτῷ ἐστι τὰ b
προειρημένα, ἀλλ' ὅτι οὐδενὸς ἂν φύγοι ἀνδρὸς ἐρώτησιν. Ἦ γάρ, ὦ Ἱππία; οὐ ταῦτα ἦν ἃ ἔλεγες;

ΙΠ. Ἔγωγε· ἀλλὰ Σωκράτης, ὦ Εὔδικε, ἀεὶ ταράττει ἐν τοῖς λόγοις καὶ ἔοικεν ὥσπερ κακουργοῦντι.

23. Là encore, l'hésitation et l'errance (le verbe πλανῶμαι) sont caractéristiques de l'opinion, qui est un état de divagation psychique. Outre le passage cité de l'*Alcibiade*, cf. notamment *Protagoras*, 356d 5, puis *République*, VI, 484b 6 et 485b 2.

Cependant il y a aussi des instants où je suis d'un avis contraire ; en somme je vais d'un sentiment à un autre, ce qui prouve que j'ignore ce qui en est[23]. Pour le moment, me voici en proie à une sorte de trouble mental e
qui me fait croire que ceux qui font le mal volontairement valent mieux que les autres. J'attribue la cause de cet état d'esprit à nos précédents raisonnements : car il en ressort, à l'heure présente, que ceux qui font tout cela sans le vouloir valent moins que ceux qui le font volontairement. C'est à toi de t'intéresser à moi et de te prêter à guérir mon âme. En la délivrant de l'ignorance, tu me 373
rendras un bien plus grand service que si tu délivrais mon corps d'une maladie[24]. Seulement, si tu veux prononcer un long discours, j'aime mieux te dire tout de suite que tu ne me guérirais pas ; je serais incapable de te suivre. Au contraire, si tu veux bien me répondre comme tout à l'heure, tu me feras beaucoup de bien, et j'imagine que cela ne sera pas sans profit pour toi non plus. *(Se tournant vers Eudicos.)* Et toi aussi, fils d'Apémantos, j'aurais bien le droit de t'appeler à mon aide. C'est toi qui m'as excité à entrer en conversation avec Hippias. À présent, si Hippias n'est plus disposé à me répondre, prie-le pour moi.

EUDICOS. – Oh ! Socrate, je ne crois pas qu'il soit nécessaire que nous priions Hippias. Cela s'accorderait b
mal avec ses propres déclarations : il a dit qu'il ne se refuserait à aucune question. N'est-il pas vrai, Hippias ? n'est-ce pas ce que tu disais ?

HIPPIAS. – Oui, certes. Mais, vois-tu, Eudicos, Socrate ne fait que mettre de la confusion dans ce qu'on dit, on dirait qu'il cherche à faire du mal.

24. Cet argument trouve une justification aboutie dans le *Gorgias*, lorsque Socrate défend l'hypothèse selon laquelle il est mieux, lorsqu'on est fautif, d'être puni, dans la mesure où la punition est une guérison (476a-479e). La question est encore posée dans le *Criton*, 49a, où Socrate se demande si, dans certaines circonstances, commettre l'injustice peut être avantageux (la réponse est négative).

ΣΩ. Ὦ βέλτιστε Ἱππία, οὔτι ἑκών γε ταῦτα ἐγὼ ποιῶ, σοφὸς γὰρ ἂν ἦ καὶ δεινὸς κατὰ τὸν σὸν λόγον, ἀλλὰ ἄκων, ὥστε μοι συγγνώμην ἔχε· φῄς γὰρ αὖ δεῖν, ὃς ἂν κακουργῇ ἄκων, συγγνώμην ἔχειν.

ΕΥ. Καὶ μηδαμῶς γε, ὦ Ἱππία, ἄλλως ποίει, ἀλλὰ καὶ c ἡμῶν ἕνεκα καὶ τῶν προειρημένων σοι λόγων ἀποκρίνου ἃ ἄν σε ἐρωτᾷ Σωκράτης.

ΙΠ. Ἀλλ' ἀποκρινοῦμαι, σοῦ γε δεομένου· ἀλλ' ἐρώτα ὅ τι βούλει.

ΣΩ. Καὶ μὴν σφόδρα γε ἐπιθυμῶ, ὦ Ἱππία, διασκέψασθαι τὸ νυνδὴ λεγόμενον, πότεροί ποτε ἀμείνους, οἱ ἑκόντες ἢ οἱ ἄκοντες ἁμαρτάνοντες. Οἶμαι οὖν ἐπὶ τὴν σκέψιν ὀρθότατ' ἂν ὧδε ἐλθεῖν· ἀλλ' ἀπόκριναι· καλεῖς τινα δρομέα ἀγαθόν ;

ΙΠ. Ἔγωγε.

ΣΩ. Καὶ κακόν ; d

ΙΠ. Ναί.

ΣΩ. Οὐκοῦν ἀγαθὸς μὲν ὁ εὖ θέων, κακὸς δὲ ὁ κακῶς ;

ΙΠ. Ναί.

ΣΩ. Οὐκοῦν ὁ βραδέως θέων κακῶς θεῖ, ὁ δὲ ταχέως εὖ ;

ΙΠ. Ναί.

ΣΩ. Ἐν δρόμῳ μὲν ἄρα καὶ τῷ θεῖν τάχος μὲν ἀγαθόν, βραδυτὴς δὲ κακόν ;

ΙΠ. Ἀλλὰ τί μέλλει ;

ΣΩ. Πότερος οὖν ἀμείνων δρομεύς, ὁ ἑκὼν βραδέως θέων ἢ ὁ ἄκων ;

25. C'est avec ironie que Socrate associe ici le savoir et l'habileté (δεινότης), car la seconde se distingue justement de la première (voyez, par exemple, *Ion*, 531a), pour caractériser la forme d'aptitude ignorante qui est celle des sophistes (qui n'est donc pas une véritable *dunamis*). Socrate semble attendre que l'on distingue l'habileté (qui

SOCRATE. – Ah ! mon bon Hippias, ce n'est pas volontairement que j'agis ainsi : car alors, je serais savant et habile, d'après ce que tu viens de dire[25]. Non, c'est bien malgré moi. Il faut donc me pardonner, puisque tu déclares, d'autre part, qu'il faut être indulgent pour qui fait mal sans le vouloir.

EUDICOS. – Tu ne peux faire autrement, Hippias.
Allons, par égard pour nous et aussi pour tenir tes enga- c
gements, réponds aux questions que Socrate pourra te poser.

HIPPIAS. – Soit, je répondrai, puisque tu m'en pries. Va, questionne-moi comme tu l'entends.

SOCRATE. – Eh bien, Hippias, j'ai le grand désir d'examiner à fond la question qui nous occupe, à savoir lequel vaut le mieux, celui qui fait mal volontairement ou l'autre. Voici, je crois, la meilleure manière de procéder. Dis-moi : y a-t-il selon toi de bons coureurs ?

HIPPIAS. – Certainement.

SOCRATE. – Et de mauvais ? d

HIPPIAS. – Également.

SOCRATE. – Le bon coureur est celui qui court bien, le mauvais celui qui court mal ?

HIPPIAS. – Oui.

SOCRATE. – Celui qui ne court pas vite court mal, celui qui court vite, court bien ?

HIPPIAS. – C'est cela.

SOCRATE. – Ainsi, à la course, la vitesse est ce qui est bien, la lenteur ce qui est mal.

HIPPIAS. – Qui peut en douter ?

SOCRATE. – Lequel est le meilleur coureur, celui qui court lentement parce qu'il le veut, ou celui qui court ainsi sans le vouloir ?

permet la tromperie) du savoir (qui n'y autorise pas). On trouve une analyse lexicale et historique de la notion de δεινότης dans Y. Brès, « Platon et la *deinotès* tragique », *Revue philosophique*, 4, 1991, p. 435-462.

ΙΠ. Ὁ ἑκών.

ΣΩ. Ἆρ' οὖν οὐ ποιεῖν τί ἐστι τὸ θεῖν;

ΙΠ. Ποιεῖν μὲν οὖν.

ΣΩ. Εἰ δὲ ποιεῖν, οὐ καὶ ἐργάζεσθαί τι;

ΙΠ. Ναί. e

ΣΩ. Ὁ κακῶς ἄρα θέων κακὸν καὶ αἰσχρὸν ἐν δρόμῳ τοῦτο ἐργάζεται;

ΙΠ. Κακόν· πῶς γὰρ οὔ;

ΣΩ. Κακῶς δὲ θεῖ ὁ βραδέως θέων;

ΙΠ. Ναί.

ΣΩ. Οὐκοῦν ὁ μὲν ἀγαθὸς δρομεὺς ἑκὼν τὸ κακὸν τοῦτο ἐργάζεται καὶ τὸ αἰσχρόν, ὁ δὲ κακὸς ἄκων;

ΙΠ. Ἔοικέν γε.

ΣΩ. Ἐν δρόμῳ μὲν ἄρα πονηρότερος ὁ ἄκων κακὰ ἐργαζόμενος ἢ ὁ ἑκών;

ΙΠ. Ἐν δρόμῳ γε.

ΣΩ. Τί δ' ἐν πάλῃ; πότερος παλαιστὴς ἀμείνων, ὁ ἑκὼν 374
πίπτων ἢ ὁ ἄκων;

ΙΠ. Ὁ ἑκών, ὡς ἔοικεν.

ΣΩ. Πονηρότερον δὲ καὶ αἴσχιον ἐν πάλῃ τὸ πίπτειν ἢ τὸ καταβάλλειν;

ΙΠ. Τὸ πίπτειν.

ΣΩ. Καὶ ἐν πάλῃ ἄρα ὁ ἑκὼν τὰ πονηρὰ καὶ αἰσχρὰ ἐργαζόμενος βελτίων παλαιστὴς ἢ ὁ ἄκων;

ΙΠ. Ἔοικεν.

HIPPIAS. – Celui qui le fait volontairement.

SOCRATE. – Mais courir, n'est-ce pas une certaine manière de faire quelque chose[26] ?

HIPPIAS. – C'en est une, en effet.

SOCRATE. – Si c'est un mode d'action, n'est-ce pas aussi une forme de travail ?

HIPPIAS. – Oui. e

SOCRATE. – Donc celui qui court mal exécute, en fait de course, un mauvais travail qui ne lui fait pas honneur ?

HIPPIAS. – Mauvais, assurément.

SOCRATE. – Et c'est le coureur lent qui court mal ?

HIPPIAS. – Oui.

SOCRATE. – Ainsi le bon coureur fait volontairement ce mauvais travail, si peu honorable ; le mauvais coureur le fait sans le vouloir ?

HIPPIAS. – Il y a apparence.

SOCRATE. – De sorte qu'à la course celui qui fait mal sans le vouloir ne vaut pas celui qui fait mal volontairement ?

HIPPIAS. – À la course, cela est juste.

SOCRATE. – Et à la lutte ? quel est le meilleur lutteur, 374
celui qui tombe volontairement, ou involontairement ?

HIPPIAS. – Volontairement, je crois.

SOCRATE. – N'est-il pas moins bon et moins honorable, à la lutte, de tomber que de renverser son adversaire ?

HIPPIAS. – En effet.

SOCRATE. – Ainsi, à la lutte également, celui qui fait volontairement ce qui est moins bon et moins honorable est meilleur lutteur que celui qui le fait sans le vouloir ?

HIPPIAS. – Apparemment.

26. Socrate obtient ici que l'on regarde toute activité comme une certaine manière de réaliser, de faire quelque chose. C'est ainsi que le jugement éthique (faire le bien) et la compétence technique sont associés (bien faire quelque chose).

ΣΩ. Τί δὲ ἐν τῇ ἄλλῃ πάσῃ τῇ τοῦ σώματος χρείᾳ, οὐχ ὁ βελτίων τὸ σῶμα δύναται ἀμφότερα ἐργάζεσθαι, καὶ τὰ ἰσχυρὰ καὶ τὰ ἀσθενῆ, καὶ τὰ αἰσχρὰ καὶ τὰ καλά ; ὥστε b
ὅταν κατὰ τὸ σῶμα πονηρὰ ἐργάζηται, ἑκὼν ἐργάζεται ὁ βελτίων τὸ σῶμα, ὁ δὲ πονηρότερος ἄκων :

ΙΠ. Ἔοικεν καὶ τὰ κατὰ τὴν ἰσχὺν οὕτως ἔχειν.

ΣΩ. Τί δὲ κατ' εὐσχημοσύνην, ὦ Ἱππία ; οὐ τοῦ βελτίονος σώματός ἐστιν ἑκόντος τὰ αἰσχρὰ καὶ πονηρὰ σχήματα σχηματίζειν, τοῦ δὲ πονηροτέρου ἄκοντος ; ἢ πῶς σοι δοκεῖ ;

ΙΠ. Οὕτως.

ΣΩ. Καὶ ἀσχημοσύνη ἄρα ἡ μὲν ἑκούσιος πρὸς ἀρετῆς ἐστιν, ἡ δὲ ἀκούσιος πρὸς πονηρίας σώματος. c

ΙΟ. Φαίνεται.

ΣΩ. Τί δὲ φωνῆς πέρι λέγεις ; ποτέραν φῄς εἶναί βελτίω, τὴν ἑκουσίως ἀπᾴδουσαν ἢ τὴν ἀκουσίως ;

ΙΠ. Τὴν ἑκουσίως.

ΣΩ. Μοχθηροτέραν δὲ τὴν ἀκουσίως ;

ΙΠ. Ναί.

ΣΩ. Δέξαιο δ' ἂν πότερον τἀγαθὰ κεκτῆσθαι ἢ τὰ κακά ;

ΙΠ. Τἀγαθά.

ΣΩ. Πότερον οὖν ἂν δέξαιο πόδας κεκτῆσθαι ἑκουσίως χωλαίνοντας ἢ ἀκουσίως ;

ΙΠ. Ἑκουσίως.

ΣΩ. Χωλεία δὲ ποδῶν οὐχὶ πονηρία καὶ ἀσχημοσύνη d
ἐστίν ;

ΙΠ. Ναί.

ΣΩ. Τί δέ ; ἀμβλυωπία οὐ πονηρία ὀφθαλμῶν ;

SOCRATE. – Et dans les autres exercices du corps ? n'est-ce pas l'homme le mieux constitué qui peut
exécuter les deux sortes de travail, celui du fort et celui b
du faible, celui qui est honorable et celui qui ne l'est pas ? de sorte que s'il fait un mauvais travail de corps, c'est volontairement qu'il le fait, lui qui est mieux constitué, tandis que l'autre le fait sans le vouloir ?

HIPPIAS. – Oui, dans les exercices de force également, il semble qu'il en est ainsi.

SOCRATE. – Et maintenant, si nous parlons de la belle tenue, n'est-ce pas le fait de celui qui est le mieux conformé physiquement de prendre à volonté des attitudes laides ou mauvaises, et du mal conformé de prendre celles-ci sans le vouloir ? qu'en penses-tu ?

HIPPIAS. – Ce que tu dis est exact.

SOCRATE. – Ainsi la mauvaise tenue, quand elle est
volontaire, provient d'une qualité du corps, et quand elle c
est involontaire, d'un défaut.

HIPPIAS. – Apparemment.

SOCRATE. – Et que dis-tu de la voix ? Quelle est la meilleure, celle d'un homme qui chante faux volontairement ou celle d'un autre qui le fait sans le vouloir ?

HIPPIAS. – Celle de l'homme qui chante faux volontairement.

SOCRATE. – Tandis que celle de l'autre est défectueuse.

HIPPIAS. – En effet.

SOCRATE. – Or, qu'aimerais-tu mieux avoir, ce qui est bon ou ce qui est mauvais ?

HIPPIAS. – Ce qui est bon.

SOCRATE. – Par exemple, aimerais-tu mieux boiter d
volontairement ou involontairement ?

HIPPIAS. – Volontairement.

SOCRATE. – Boiter, en effet. n'est-ce pas un défaut des pieds, une disgrâce naturelle ?

HIPPIAS. – Oui.

SOCRATE. – Et la myopie n'est-elle pas un défaut des yeux ?

ΙΠ. Ναί.

ΣΩ. Ποτέρους οὖν ἂν βούλοιο ὀφθαλμοὺς κεκτῆσθαι καὶ ποτέροις συνεῖναι; οἷς ἑκὼν ἄν τις ἀμβλυώττοι καὶ παρορῴη ἢ οἷς ἄκων;

ΙΠ. Οἷς ἑκών.

ΣΩ. Βελτίω ἄρα ἥγησαι τῶν σαυτοῦ τὰ ἑκουσίως πονηρὰ ἐργαζόμενα ἢ τὰ ἀκουσίως;

ΙΠ. Τὰ γοῦν τοιαῦτα.

ΣΩ. Οὐκοῦν πάντα, οἷον καὶ ὦτα καὶ ῥῖνας καὶ στόμα καὶ πάσας τὰς αἰσθήσεις, εἷς λόγος συνέχει, τὰς μὲν ἀκουσίως κακὰ ἐργαζομένας ἀκτήτους εἶναι ὡς πονηρὰς e
οὔσας, τὰς δὲ ἑκουσίως κτητὰς ὡς ἀγαθὰς οὔσας.

ΙΠ. Ἔμοιγε δοκεῖ.

ΣΩ. Τί δέ; ὀργάνων ποτέρων βελτίων ἡ κοινωνία, οἷς ἑκών τις κακὰ ἐργάζεται ἢ οἷς ἄκων; οἷον πηδάλιον, ᾧ ἄκων κακῶς τις κυβερνήσει, βέλτιον, ἢ ᾧ ἑκών;

ΙΠ. Ὧι ἑκών.

ΣΩ. Οὐ καὶ τόξον ὡσαύτως καὶ λύρα καὶ αὐλοὶ καὶ τἆλλα ξύμπαντα;

ΙΠ. Ἀληθῆ λέγεις.

ΣΩ. Τί δέ; ψυχὴν κεκτῆσθαι ἵππου, ᾗ ἑκών τις κακῶς 375
ἱππεύσει, ἄμεινον ἢ <ᾗ> ἄκων;

ΙΠ. Ἧι ἑκών.

ΣΩ. Ἀμείνων ἄρα ἐστίν.

ΙΠ. Ναί.

ΣΩ. Τῇ ἀμείνονι ἄρα ψυχῇ ἵππου τὰ τῆς ψυχῆς ἔργα ταύτης τὰ πονηρὰ ἑκουσίως ἂν ποιοῖ, τῇ δὲ τῆς πονηρᾶς ἀκουσίως;

HIPPIAS. – Oui.

SOCRATE. – De quelle sorte d'yeux, en conséquence, aimerais-tu mieux disposer pendant toute ta vie, de ceux avec lesquels tu verrais mal et de travers volontairement, ou des autres ?

HIPPIAS. – Des premiers assurément.

SOCRATE. – Ce qui veut dire que, pour tes organes, tu préfères ceux qui travaillent mal quand on le veut à ceux qui le font sans qu'on le veuille ?

HIPPIAS. – Oui, je les préfère.

SOCRATE. – Donc, en général, qu'il s'agisse des oreilles, du nez, de la bouche, de quelque organe des sens
que ce soit, même jugement : ceux qui fonctionnent mal e
sans le vouloir, tu n'en veux pas, tu les juges mauvais ; et au contraire, ceux qui fonctionnent mal volontairement, tu les regardes comme bons et tu veux les avoir.

HIPPIAS. – Il me semble que oui.

SOCRATE. – Et les instruments, quels sont ceux dont l'emploi est le meilleur, ceux avec lesquels on travaille mal volontairement ou les autres ? un gouvernail, par exemple, avec lequel on gouverne mal sans le vouloir, est-il meilleur que celui avec lequel on le fait volontairement ?

HIPPIAS. – Non, celui-ci est le meilleur.

SOCRATE. – N'en est-il pas de même d'un arc, d'une lyre, d'une flûte et de tout en général ?

HIPPIAS. – Tu dis vrai. 375

SOCRATE. – Et maintenant, le naturel d'un cheval, s'il est tel qu'on puisse le mal conduire quand on le veut, ne vaut-il pas mieux que celui que l'on conduira mal sans le vouloir ?

HIPPIAS. – Assurément.

SOCRATE. – Alors, il est meilleur.

HIPPIAS. – Oui.

SOCRATE. – C'est donc qu'avec le naturel du meilleur cheval on peut, si on le veut, exécuter mal ce qui est sa fonction, tandis qu'avec celui du mauvais cheval on l'exécute mal sans le vouloir.

ΙΠ. Πάνυ γε.

ΣΩ. Οὐκοῦν καὶ κυνὸς καὶ τῶν ἄλλων ζῴων πάντων;

ΙΠ. Ναί.

ΣΩ. Τί δὲ δή; ἀνθρώπου ψυχὴν ἐκτῆσθαι τοξότου ἄμεινόν ἐστιν, ἥτις ἑκουσίως ἁμαρτάνει τοῦ σκοποῦ, ἢ ἥτις ἀκουσίως;

ΙΠ. Ἥτις ἑκουσίως. b

ΣΩ. Οὐκοῦν αὕτη ἀμείνων εἰς τοξικήν ἐστιν;

ΙΠ. Ναί.

ΣΩ. Καὶ ψυχὴ ἄρα ἀκουσίως ἁμαρτάνουσα πονηροτέρα ἢ ἑκουσίως;

ΙΠ. Ἐν τοξικῇ γε.

ΣΩ. Τί δ' ἐν ἰατρικῇ; οὐχὶ ἡ ἑκοῦσα κακὰ ἐργαζομένη περὶ τὰ σώματα ἰατρικωτέρα;

ΙΠ. Ναί.

ΣΩ. Ἀμείνων ἄρα αὕτη ἐν ταύτῃ τῇ τέχνῃ τῆς μὴ [ἰατρικῆς].

ΙΠ. Ἀμείνων.

ΣΩ. Τί δέ; ἡ κιθαριστικωτέρα καὶ αὐλητικωτέρα καὶ τἆλλα πάντα τὰ κατὰ τὰς τέχνας τε καὶ τὰς ἐπιστήμας, c
οὐχὶ ἡ ἀμείνων ἑκοῦσα τὰ κακὰ ἐργάζεται καὶ τὰ αἰσχρὰ καὶ ἐξαμαρτάνει, ἡ δὲ πονηροτέρα ἄκουσα;

ΙΠ. Φαίνεται.

ΣΩ. Ἀλλὰ μήν που τάς γε τῶν δούλων ψυχὰς κεκτῆσθαι δεξαίμεθ' ἂν μᾶλλον τὰς ἑκουσίως ἢ τὰς ἀκουσίως ἁμαρτανούσας τε καὶ κακουργούσας, ὡς ἀμείνους οὔσας εἰς ταῦτα.

ΙΠ. Ναί.

HIPPIAS. – C'est bien cela.

SOCRATE. – Et il en est de même du chien et de tous les autres animaux.

HIPPIAS. – Oui.

SOCRATE. – Soit ; venons-en maintenant à l'âme d'un archer : dans quel cas l'âme d'un archer vaut-elle mieux ? si elle lui permet de manquer le but quand il le veut, ou si elle fait qu'il le manque sans le vouloir ?

HIPPIAS. – S'il le manque quand il le veut. b

SOCRATE. – L'âme de cette sorte est donc meilleure pour le tir de l'arc ?

HIPPIAS. – Oui.

SOCRATE. – Et l'autre, celle qui manque le but involontairement, est moins bonne que celle qui le manque quand elle le veut ?

HIPPIAS. – Oui, pour le tir de l'arc.

SOCRATE. – Et pour la médecine ? celle qui fait du mal au corps volontairement n'est-elle pas la plus savante ?

HIPPIAS. – Oui.

SOCRATE. – Elle est donc supérieure dans cette technique à celle qui fait autrement.

HIPPIAS. – Supérieure en effet.

SOCRATE. – De même, pour la citharistique, pour l'aulétique, et en général pour toutes les techniques et toutes les sciences, la supériorité n'est-elle pas à l'âme c
qui peut à volonté mal faire, pécher contre la beauté et contre les règles, tandis que les mêmes résultats, s'ils sont involontaires, sont marque d'infériorité ?

HIPPIAS. – Apparemment.

SOCRATE. – Mais alors nous aimerons mieux, sans doute, chez nos esclaves des âmes qui manqueraient aux règles et feraient mal à volonté que des âmes qui feraient mal sans le vouloir, les premières étant supérieures pour tous usages.

HIPPIAS. – Oui.

ΣΩ. Τί δέ; τὴν ἡμετέραν αὐτῶν οὐ βουλοίμεθ᾽ ἂν ὡς βελτίστην ἐκτῆσθαι;

ΙΠ. Ναί.

ΣΩ. Οὐκοῦν βελτίων ἔσται ἐὰν ἑκοῦσα κακουργῇ τε καὶ ἐξαμαρτάνῃ, ἢ ἐὰν ἄκουσα; d

ΙΠ. Δεινὸν μεντἂν εἴη, ὦ Σώκρατες, εἰ οἱ ἑκόντες ἀδικοῦντες βελτίους ἔσονται ἢ οἱ ἄκοντες.

ΣΩ. Ἀλλὰ μὴν φαίνεταί γε ἐκ τῶν εἰρημένων.

ΙΠ. Οὔκουν ἔμοιγε.

ΣΩ. Ἐγὼ δ᾽ ᾤμην, ὦ Ἱππία, καὶ σοὶ φανῆναι. Πάλιν δ᾽ ἀπόκριναι· ἡ δικαιοσύνη οὐχὶ ἢ δύναμίς τίς ἐστιν ἢ ἐπιστήμη ἢ ἀμφότερα; ἢ οὐκ ἀνάγκη ἕν γέ τι τούτων εἶναι τὴν δικαιοσύνην;

ΙΠ. Ναί.

ΣΩ. Οὐκοῦν εἰ μὲν δύναμίς ἐστι τῆς ψυχῆς ἡ δικαιοσύνη, ἡ δυνατωτέρα ψυχὴ δικαιοτέρα ἐστι; βελτίων γάρ που ἡμῖν ἐφάνη, ὦ ἄριστε, ἡ τοιαύτη. e

ΙΠ. Ἐφάνη γάρ.

ΣΩ. Τί δ᾽ εἰ ἐπιστήμη; οὐχ ἡ σοφωτέρα ψυχὴ δικαιοτέρα; ἡ δ᾽ ἀμαθεστέρα ἀδικωτέρα;

<ΙΠ. Ναί.>

ΣΩ. Τί δ᾽ εἰ ἀμφότερα; οὐχ ἡ ἀμφοτέρας ἔχουσα, ἐπιστήμην καὶ δύναμιν, δικαιοτέρα, ἡ δ᾽ ἀμαθεστέρα ἀδικωτέρα; οὐχ οὕτως ἀνάγκη ἔχειν;

27. Il faut se souvenir que l'âme d'Hippias, au travers de la réfutation des hypothèses qui sont les siennes, est en cause depuis le début du dialogue (364a). L'agent éthique auquel il convient d'imputer la responsabilité des actions est l'âme. En dernier ressort, c'est donc la nature ou la valeur de l'âme qui décide de la valeur des actions. Une bonne âme ne peut faire le mal.

28. Si la justice est une δύναμις de l'âme, c'est l'ensemble de l'argument d'Hippias qui doit s'effondrer, car il faut reconnaître que

SOCRATE. – Et notre âme à nous ? ne devrions-nous pas désirer qu'elle soit la meilleure possible ?

HIPPIAS. – Oui.

SOCRATE. – Or sera-t-elle meilleure si elle fait le mal et manque aux règles volontairement, ou bien si elle le fait sans le vouloir[27] ? d

HIPPIAS. – Pourtant, Socrate, ce serait une chose terrible que ceux qui sont volontairement injustes fussent meilleurs que ceux qui le sont sans le vouloir !

SOCRATE. – Que veux-tu ? n'est-ce pas là ce que nos propos rendent évident ?

HIPPIAS. – Pas pour moi en tout cas.

SOCRATE. – Vraiment ! J'aurais cru, moi, Hippias, que tu l'avais constaté, toi aussi. Mais réponds encore à une question : la justice n'est-elle pas une capacité ou une science, ou l'un et l'autre ? n'est-il pas nécessaire qu'elle soit une de ces choses ?

HIPPIAS. – Oui.

SOCRATE. – Si la justice est une capacité de l'âme, e l'âme la plus capable n'est-elle pas aussi la plus juste ? car nous avons reconnu, je crois, qu'elle était meilleure, mon ami[28].

HIPPIAS. – On l'a reconnu.

SOCRATE. – Et si elle est une science ? l'âme la plus savante n'est-elle pas la plus juste ? la moins savante, la moins juste ?

HIPPIAS. – Oui.

SOCRATE. – Enfin, si elle est l'un et l'autre ? n'est-ce pas celle qui possède à la fois science et capacité qui est la plus juste, la moins savante étant la moins juste ? Cela n'est-il pas nécessaire ?

l'aptitude à faire quelque chose est qualifiée éthiquement. Autrement dit, on ne peut être capable de faire le mal comme le bien si cette capacité est d'emblée et exclusivement définie comme capacité à faire le bien. C'est une possibilité qu'Hippias n'avait pas retenue : être capable de faire le bien implique qu'on le fasse et qu'on ne fasse pas le mal (voyez l'Introduction, p. XVIII).

ΙΠ. Φαίνεται.

ΣΩ. Οὐκοῦν ἡ δυνατωτέρα καὶ σοφωτέρα αὕτη ἀμείνων οὖσα ἐφάνη καὶ ἀμφότερα μᾶλλον δυναμένη ποιεῖν, καὶ τὰ καλὰ καὶ τὰ αἰσχρά, περὶ πᾶσαν ἐργασίαν; 376

ΙΠ. Ναί.

ΣΩ. Ὅταν ἄρα τὰ αἰσχρὰ ἐργάζηται, ἑκοῦσα ἐργάζεται διὰ δύναμιν καὶ τέχνην· ταῦτα δὲ δικαιοσύνης φαίνεται, ἤτοι ἀμφότερα ἢ τὸ ἕτερον.

ΙΠ. Ἔοικεν.

ΣΩ. Καὶ τὸ μέν γε ἀδικεῖν κακὰ ποιεῖν ἐστιν, τὸ δὲ μὴ ἀδικεῖν καλά.

ΙΠ. Ναί.

ΣΩ. Οὐκοῦν ἡ δυνατωτέρα καὶ ἀμείνων ψυχή, ὅτανπερ ἀδικῇ, ἑκοῦσα ἀδικήσει, ἡ δὲ πονηρὰ ἄκουσα;

ΙΠ. Φαίνεται.

ΣΩ. Οὐκοῦν ἀγαθὸς ἀνὴρ ὁ τὴν ἀγαθὴν ψυχὴν ἔχων, b
κακὸς δὲ ὁ τὴν κακήν;

ΙΠ. Ναί.

ΣΩ. Ἀγαθοῦ μὲν ἄρα ἀνδρός ἐστιν ἑκόντα ἀδικεῖν, κακοῦ δὲ ἄκοντα, εἴπερ ὁ ἀγαθὸς ἀγαθὴν ψυχὴν ἔχει.

ΙΠ. Ἀλλὰ μὴν ἔχει γε.

ΣΩ. Ὁ ἄρα ἑκὼν ἁμαρτάνων καὶ αἰσχρὰ καὶ ἄδικα ποιῶν, ὦ Ἱππία, εἴπερ τίς ἐστιν οὗτος, οὐκ ἂν ἄλλος εἴη ἢ ὁ ἀγαθός.

HIPPIAS. – Évidemment.

SOCRATE. – Or la plus capable et la plus savante a été reconnue comme la meilleure, la plus capable de réaliser les deux résultats contraires, ce qui est beau et ce qui ne l'est pas, en tout genre de travail ? 376

HIPPIAS. – Oui.

SOCRATE. – Donc lorsqu'elle fait ce qui n'est pas beau, elle le fait volontairement par sa capacité et sa technique ; et ce sont là œuvres de justice, le beau et son contraire indifféremment, ou l'un des deux seulement.

HIPPIAS. – Il semble que oui.

SOCRATE. – D'autre part commettre l'injustice, c'est faire du mal ; pratiquer la justice, c'est se conduire honnêtement.

HIPPIAS. – Oui.

SOCRATE. – Ainsi l'âme la plus capable et la meilleure, lorsqu'elle commet l'injustice, la commettra volontairement, la moins bonne sans le vouloir ?

HIPPIAS. – Apparemment.

SOCRATE. – Et un homme est bon quand son âme est b
bonne, il est mauvais quand elle est mauvaise ?

HIPPIAS. – En effet.

SOCRATE. – D'où il résulte qu'il appartient à l'homme qui est bon d'être injuste volontairement, au mauvais de l'être sans le vouloir, puisque l'homme est bon quand son âme est bonne.

HIPPIAS. – Il l'est en effet à cette condition.

SOCRATE. – En conséquence, celui qui volontairement fait le mal, qui se conduit honteusement et injustement, celui-là, Hippias, s'il en existe un qui soit tel[29], ne peut être que l'homme de bien.

29. La réserve est bien sûr rédhibitoire, puisque cette possibilité vient d'être réfutée : un tel homme n'existe pas, pas même chez Homère. Sur cette formule, « s'il en existe un qui soit tel », voyez R. G. Hoerber, « Plato's *Lesser Hippias* », *Phronesis*, 7, p. 128.

ΙΠ. Οὐκ ἔχω ὅπως σοι συγχωρήσω, ὦ Σώκρατες, ταῦτα.

ΣΩ. Οὐδὲ γὰρ ἐγὼ ἐμοί, ὦ Ἱππία, ἀλλ' ἀναγκαῖον οὕτω φαίνεσθαι νῦν γε ἡμῖν ἐκ τοῦ λόγου. Ὅπερ μέντοι πάλαι c ἔλεγον, ἐγὼ περὶ ταῦτα ἄνω καὶ κάτω πλανῶμαι καὶ οὐδέποτε ταὐτά μοι δοκεῖ· καὶ ἐμὲ μὲν οὐδὲν θαυμαστὸν πλανᾶσθαι οὐδὲ ἄλλον ἰδιώτην· εἰ δὲ καὶ ὑμεῖς πλανήσεσθε οἱ σοφοί, τοῦτο ἤδη καὶ ἡμῖν δεινόν, εἰ μηδὲ παρ' ὑμᾶς ἀφικόμενοι παυσόμεθα τῆς πλάνης.

HIPPIAS. – Vraiment, Socrate, il m'est impossible d'accorder cela.

SOCRATE. – Et à moi aussi, Hippias, il m'est impossible de me l'accorder à moi-même. Et pourtant c'est bien là ce que notre raisonnement nous impose pour l'instant. Mais comme je te le disais il y a un moment, je ne fais que varier d'opinion à cet égard, je pense tantôt d'une façon, tantôt d'une autre[30]. Seulement, que je sois si peu fixé sur ce point, moi et tout autre ignorant, rien d'étonnant. Mais que vous, les savants, vous soyez sujets aux mêmes variations, voilà ce qui est terrible pour nous-mêmes, car alors nous aurons beau recourir à vous, nous ne serons pas tirés de nos errances[31].

30. *Ion*, 541e, emploie la même expression pour désigner l'hésitation de ceux qui ne peuvent prendre une décision ou juger clairement de quelque chose (voyez encore *Phèdre*, 278d).

31. L'errance des opinions, peut-on comprendre *a contrario*, ne cessera que lorsque de véritables savants sauront fixer les âmes et leurs pensées à l'aide de connaissances fermes ; le *Ménon*, 96d-98d développe cet argument.

# Note critique
# Hippias le sophiste

Hippias, originaire d'Élis (dans le Péloponnèse) est l'un des plus fameux représentants de l'ancienne sophistique. Il semble avoir été le contemporain de son homologue Prodicos et, si l'on se fie aux indications de Platon, il était en vie en 399, l'année de l'exécution de Socrate (*Protagoras*, 337c sq.). Il pourrait avoir vécu près de cent ans, de 440 à 340.

Il est parfaitement impossible de se prononcer autrement qu'à titre hypothétique sur ce que fut l'œuvre d'Hippias et le domaine exact de ses contributions. Pour cette raison plutôt rédhibitoire que Platon (dans les deux *Hippias* et dans le *Protagoras*) reste la principale source des informations dont nous disposions en la matière. Dans la mesure où le philosophe se moque du sophiste, la valeur de son témoignage devrait inviter, à tout le moins, à circonspection. Sauf à admettre, comme on s'y risque parfois, que ce dont se moque Platon était réellement le fait d'Hippias : il s'est ainsi trouvé des lecteurs pour faire l'hypothèse que les talents dont Socrate dresse la liste dans l'*Hippias mineur* (368a-369a) étaient effectivement ceux du sophiste[1].

1. C'est notamment le cas de Mario Untersteiner, qui estimait que le témoignage de Platon, pour critique qu'il soit, rendait fidèlement

Il est toutefois incontestable qu'Hippias se soit prononcé par écrit sur un nombre varié de sujets. À cet égard, il passe bien pour un polymathe, c'est-à-dire un auteur dont les compétences distinctes n'assignent pas sa réflexion à une seule sorte d'enquête (sur la nature, sur la constitution, sur les dieux). Il semble tout aussi certain qu'Hippias se soit rendu fameux par la pratique (s'agissait-il d'une méthode ?) d'une mnémotechnique dont Platon et Xénophon lui attribuent la paternité (voyez, du second, le *Banquet*, IV, 62). Mais on ne peut avec certitude se prononcer sur le contenu des œuvres ou sur les modalités de cette mnémotechnique. L'activité littéraire d'Hipppias paraît ensuite indissociable d'un rôle de conseiller. Non seulement auprès des jeunes gens à qui il faisait payer ses leçons de sophiste à des fins d'éducation et d'édification morale, mais aussi, dépêché par Elis, auprès des assemblées de différentes cités. Comme y a insisté J. Brunschwig, Hippias a probablement joué un rôle d'ambassadeur lors de plusieurs missions où l'on attendait de lui qu'il pacifie des conflits d'intérêts[2].

Ses œuvres, si leur contenu nous est inconnu, paraissent relever du genre anthologique, sur des sujets aussi variés que les généalogies divines, les vainqueurs olympiques ou les variétés des mœurs selon les cités. C'est du moins ce qu'indiquent quelques titres conservés, qui suggèrent aussi que l'entreprise d'Hippias avait pour

compte de la variété des compétences du sophiste. Voyez *Les Sophistes* (1967[2]), traduit de l'italien par A. Tordesillas, Paris, Vrin, 1993, 2 volumes (le chapitre sur Hippias se trouve dans le vol. II, p. 99-145). Au regard de quoi il faut tout de même se reporter aux nombreuses critiques de la polymathie qu'on trouve dans les dialogues de Platon (les références en sont données par R. G. Hoerber, « Plato's *Lesser Hippias* », *Phronesis*, 7, p. 124-125).

2. J. Brunschwig, « Hippias d'Elis, philosophe-ambassadeur », dans *The Sophistic Movement*, éd. par K. Boudouris, Athènes, Athenian Library of Philosophy, 1984, p. 269-276.

projet de concevoir « une chronologie unitaire pour tous les peuples de la Grèce »[3]. Les fragments d'une réflexion sur les mœurs et les régimes politiques sont ceux qui ont fait l'essentiel de la postérité d'Hippias. On s'accorde en effet à lui reconnaître une critique de la loi positive, au nom des coutumes ou même des lois naturelles. C'est parce que « la loi, tyran des hommes, impose sa contrainte à la nature » (d'après Platon, *Protagoras*, 337d[4]) qu'Hippias entreprend de contester le caractère arbitraire et contraignant du juste défini par la loi positive, au nom d'un juste naturel qui, par définition, échapperait à l'arbitraire de la convention pour atteindre une forme d'universalité. En s'appuyant sur quelques textes ou témoignages parents, M. Untersteiner et la plupart des spécialistes contemporains de la sophistique ont vu en Hippias le premier représentant d'une théorie du droit naturel[5].

Pour finir, on accorde à Hippias ce que le témoignage de Platon ne semble pourtant lui céder que très ironiquement, une compétence de mathématicien. Une allusion de Proclus lui attribue en effet l'invention de lignes « quadratrices », qui permettent de diviser un angle droit en trois parties égales (*Commentaire sur le premier livre des* Éléments *d'Euclide*, I, 272, 3). À l'exception de cette allusion, aucune compétence scientifique ne lui est reconnue.

Dans la notice « Hippias d'Élis » du *Dictionnaire des philosophes antiques*, édité par R. Goulet, Paris, Éditions du CNRS, t. III, 2000, M. Narcy rassemble

3. Comme J. Brunschwig, en fait l'hypothèse, art. cité, p. 271.

4. À quoi il faut ajouter la discussion que rapporte Xénophon dans les *Mémorables*, IV, 4.

5. Encore faudrait-il établir que le seul appel à la nature, en politique, vaut pour l'hypothèse d'un « droit naturel ». Mais rien ne le prouve s'agissant d'Hippias, pas plus du reste que pour les autres sophistes.

toutes les informations biographiques, critiques et bibliographiques pertinentes. On trouve une version française partielle des textes et témoignages attribués à Hippias dans le recueil des *Présocratiques*, sous la dir. de J.-P. Dumont, Paris, Gallimard, 1988, p. 1078-1090. M. Untersteiner a publié une édition critique des fragments et témoignages sophistiques : *I Sofisti. Testimonianze e frammenti*, Florence, 1949-1962 (vol. III pour Hippias, 1954, 1967).

# Chronologie athénienne au temps de Platon

431-404 Guerre du Péloponnèse.

430-426 Épidémie de peste à Athènes. Elle emporta plus du quart de la population.

429 Mort de Périclès.

428 Révolte de Mytilène (la plus importante des cités de l'île de Lesbos, jusque-là alliée d'Athènes). Cléon, démagogue démocrate et commandant des troupes athéniennes, impose la guerre à outrance.

428/427 Naissance de Platon.

425 Victoire athénienne sur la côte de la Messénie. Sparte offre une paix avantageuse à Athènes, sans succès.

424 Athènes perd la maîtrise de la mer Égée. Amphipolis (en Thrace) est prise par Sparte. Le général lacédémonien Brasidas accumule les succès en Chalcidique.

422 Cléon meurt à Amphipolis.

421 La paix dite « de Nicias » est conclue. Pendant six ans, et par alliés interposés, Athènes et Sparte vont s'opposer.

415-413 Expédition de Sicile. Le parti impérialiste et antispartiate réussit à décider l'opinion populaire athénienne à mettre fin à la trêve. En

Sicile, sous obédience péloponnésienne (Syracuse est alors une colonie corinthienne), la cité de Ségeste, menacée par Sélinonte et Syracuse, appelle Athènes à son secours. Contre Nicias, Alcibiade l'emporte et part aux commandes d'une expédition maritime.

414 Condamné à Athènes pour sacrilège, Alcibiade trahit sa cité et rejoint Sparte. L'année suivante, l'expédition athénienne est défaite par Syracuse. La guerre a donc repris.

412 L'empire athénien s'effondre. L'Ionie se révolte (à la seule exception, démocratique, de Samos) contre Athènes, alliance Sparte-Perse

411 Première révolution oligarchique. Pendant quelques mois, les hétairies aristocratiques (favorables à la *patrios politeia* et au rapprochement avec Sparte) favorisent un complot contre la démocratie. Une assemblée de quatre cents membres cooptés (les « Quatre Cents ») se substitue à la *boulè* des cinq cents citoyens tirés au sort ; elle dresse le catalogue des « Cinq Mille » citoyens, désormais seuls détenteurs des droits civiques. Athènes est gouvernée dans le trouble et la terreur. À Samos, une partie de la flotte reste aux mains des démocrates. Thrasyllos, un hoplite, y est élu stratège.

Une nouvelle défaite contre la flotte péloponnésienne précipite la fin du régime oligarchique et la restauration de la démocratie, en 410.

408 Carthage met à profit les dissensions grecques pour reprendre son extension en Sicile. Ses troupes y affrontent le tyran de Syracuse, Denys.

407 De retour à Athènes avec les démocrates, Alcibiade réussit à se faire élire stratège. Les

pleins pouvoirs lui sont confiés pour poursuivre la guerre. Près de Notion, la flotte spartiate dirigée par Lysandre (et soutenue par les subsides de Cyrus le Jeune) inflige une terrible défaite à la flotte athénienne. Athènes destitue ses stratèges ; Alcibiade s'exile définitivement en Chersonèse.

406 Aux îles Arginuses, Athènes remporte sa dernière victoire.

405 Lysandre détruit entièrement la flotte athénienne, dans l'Hellespont, face à Lampsaque. Il prend le chemin d'Athènes.

404 En avril, Athènes capitule et cède aux conditions spartiates : destruction des Longs Murs, reddition de ses derniers navires, soumission à Sparte.

404-403 Réaction antidémocratique à Athènes. Les partisans de l'oligarchie, soutenus par Lysandre et sa garnison, prennent le pouvoir. C'est le régime de terreur et d'exception des « Trente », au sein desquels s'opposent Théramène le « modéré » et le très expéditif oncle de Platon : Critias (460-403). Réfugié à Thèbes, le démocrate Thrasybule réunit des troupes et des partisans. Il réussit à s'emparer du Pirée, aidé par les riches commerçants métèques, puis oblige les Trente et leurs partisans à se réfugier à Éleusis. Le roi de Sparte, Pausanias, s'offre comme intermédiaire aux deux partis. Une amnistie est conclue. Les Trente sont renversés, la démocratie rétablie (sous le gouvernement des modérés, influencés par Théramène).

400 Sparte rompt avec le Grand Roi. Guerre en Asie Mineure.

399 Procès et mort de Socrate. Début plausible de l'activité littéraire de Platon.

395 Les émissaires du Grand Roi encouragent et financent depuis cinq ans le soulèvement contre Lacédémone. Une coalition est créée, qui regroupe Thèbes, menacée directement par Sparte, Athènes, Argos et Corinthe. La « bataille de Corinthe » désigne toutes les opérations qui eurent alors lieu dans l'isthme de Corinthe. Platon y prend peut-être part.

388/387 Platon voyage en Italie du Sud, où il rencontre Archytas de Tarente (philosophe pythagoricien et stratège) ; puis à Syracuse, auprès de Denys Ier.

387 De retour à Athènes, Platon fonde l'Académie.

386 La Paix d'Antalcidas met fin au conflit des Perses et de Sparte. Le roi conserve les cités d'Asie et de Chypre. Les autres cités grecques restent autonomes. Athènes garde Lemnos, Imbros et Scyros, où elle avait réinstallé ses clérouques.

381 Les Spartiates occupent la Cadmée, la citadelle de Thèbes, pour y renforcer le parti prolaconien.

379 Les Thébains, ayant chassé la garnison lacédémonienne, s'allient avec Athènes.

378 Une alliance générale, *symmachie,* réunit à Athènes les nouveaux alliés ; elle se donne pour fin de contraindre les Lacédémoniens à laisser les Grecs libres et autonomes. Sparte perd l'hégémonie ; c'est la deuxième Confédération maritime, un siècle exactement après la première.

376 Athènes maîtresse de la mer Égée.

374 Athènes fait la paix avec Sparte. La puissance thébaine s'est considérablement accrue.

373-372 Athènes est ruinée. Timothée est relevé de son commandement.

371 Un nouveau conflit oppose Thèbes et Sparte en Béotie. Sparte est défaite et laisse à Thèbes l'hégémonie. L'hégémonie maritime est reconnue à Athènes.

367/366 Platon retourne à Syracuse à la demande de Dion, pour encourager Denys II à mener une vie philosophique. Il échoue.

362-361 Athènes établit des clérouquies à Potidée puis à Samos.

361/360 Troisième et dernier voyage de Platon en Sicile, qui échoue à faire éprouver à Denys II « le désir de mener une vie philosophique » (*Lettre VII*, 330a-b).

359 Philippe devient régent du royaume de Macédoine.

357-355 La « guerre sociale » met fin à la Confédération, abandonnée par Chios, Rhodes et Byzance.

356 Les Athéniens sont écrasés à Embata. Sous la menace d'une intervention, le roi décide les Athéniens à la paix. Le parti modéré, conduit par Eubule, règne alors sur Athènes ruinée. Philippe devient le protecteur et l'allié de la Thessalie avec laquelle il s'oppose aux membres de l'Amphictyonie. Le conflit va durer dix ans.

355-354 Eubule, préposé au théorique, renonce à la politique impérialiste.

347/346 Platon meurt.

346 Paix dite « de Philocrate ». Le roi de Macédoine est officiellement admis dans le concert des États grecs.

# Bibliographie

1. Le texte de l'*Hippias mineur* :

B. VANCAMP est l'auteur d'une édition critique commentée de l'*Hippias mineur* et de l'*Hippias majeur* de Platon ; on trouve dans ce volume une présentation, une analyse et des comparaisons entre les différents manuscrits des deux dialogues ; parue à Stuttgart, F. Steiner, en 1996.

2. Études consacrées à l'*Hippias mineur* :

BALAUDÉ, J.-F., « Que veut montrer Socrate dans l'*Hippias mineur* ? », dans les *Lezioni Socratiche*, éd. par G. Giannantoni et M. Narcy, Naples, Bibliopolis, p. 261-277.

GIULIANO, F. M., « L'Odisseo di Platone, uno *ZHTHMA* omerico nell'*Ippia minore* », *Poesia Greca*, Ricerche di filologia classica, IV, éd. par Gr. Arrighetti, Pise, Giardini, p. 9-57.

HOERBER, R. G., « Plato's *Lesser Hippias* », *Phronesis*, 7, p. 121-131.

MULHERN, J. J., « ΤΡΟΠΟΣ and ΠΟΛΥΤΡΟΠΙΑ in Plato's *Hippias minor* », *Phoenix* (Toronto), 22, 1984, p. 283-288.

WEISS, R., « Ὁ Ἀγαθός as Ὁ Δυνατός in the *Hippias Minor* », *Classical Quarterly*, 21, 1981, p. 287-304.

3. Autour de l'*Hippias mineur* :

Les thèmes et le contexte éthiques du dialogue sont commentés dans :

DOVER, K. J., *Greek Popular Morality in the Time of Plato and Aristotle*, Oxford, Oxford University Press, 1974.

IRWIN, T. H., *Plato's Ethics*, Oxford, Oxford University Press, 1995.

KAHN, C., *Plato and the Socratic Dialogue : the Philosohical Use of a Literary Form*, Cambridge, Cambridge University Press, 1996.

SPRAGUE, R. K., *Plato's Use of Fallacy*, New York, Barnes and Noble, 1962.

VLASTOS, G., *Socrate, ironie et philosophie morale* (1991), traduction par C. Dalimier, Paris, Aubier, 1994.

Les enjeux de l'interprétation d'Homère sont éclairés par :

LABARBE, J., *L'Homère de Platon*, Liège, Faculté de Philosophie et de Lettres, 1949.

STANFORD, W. B., *Ulysses Theme : a Study in the Adaptability of a Traditional Hero*, Oxford, Blackwell, 1963.

PUCCI, P., *Ulysse polutropos. Lectures intertextuelles de l'*Iliade *et de l'*Odyssée (1987), traduction par J. Routier-Pucci, Lille, Presses Universitaires du Septentrion, 1995.

4. Sur l'œuvre de Platon :

BRISSON, L. et PRADEAU J.-F., *Le Vocabulaire de Platon*, Paris, Ellipses, 1998.

DIXSAUT, M., *Le Naturel philosophe, essai sur les dialogues de Platon*, Paris, Vrin/Belles Lettres, 1985 puis 1994.

GOLDSCHMIDT, V., *Les Dialogues de Platon*, Paris, Puf, 1947.

ROBIN, L., *Platon*, Paris, Puf, 1935 (réédition aux Puf, dans la collection « Quadrige »).

5. Sur la sophistique :

(Pour le seul Hippias, se reporter aux titres indiqués dans la Note critique.)

On trouve une présentation d'ensemble de la sophistique dans :

BRISSON, L., notice « Les Sophistes » du manuel de *Philosophie grecque*, sous la direction de M. Canto-Sperber, Puf, 1997, p. 89-120.

CASSIN, B., notice « Sophistique » du dictionnaire *Le Savoir grec*, sous la direction de J. Brunschwig et G. E. R. Lloyd, Paris, Flammarion, 1996, p. 1021-1040.

Puis des études de détail, des références bibliographiques et une réflexion sur l'actualité de la sophistique dans le recueil de B. Cassin, *L'Effet sophistique*, Paris, Gallimard, 1995.

Enfin, toutes les références de la plupart des publications consacrées à l'œuvre de Platon sont recueillies dans une *Bibliographie platonicienne* que L. Brisson tient à jour après H. Cherniss, tous les cinq ans, dans la revue *Lustrum* (n° 4, 5, 20, 25, 26, 30, 31, 35), puis désormais à la Librairie Vrin (qui vient de faire paraître la *Bibliographie platonicienne* des années 1990-1995. On peut aussi en consulter les dernières livraisons par le moyen du réseau Internet, sur le site de l'équipe de recherche CNRS [UPR 76] de L. Brisson : http :// callimac.vjf.cnrs.fr.

# Table

*Ce volume,*
*le cinquante et unième*
*de la collection « Classiques en poche »,*
*publié aux Éditions Les Belles Lettres,*
*a été achevé d'imprimer*
*en octobre 2002*
*dans les ateliers*
*de* ***Bussière Camedan Imprimeries,***
*18203 Saint-Amand-Montrond.*

*Dépôt légal : octobre 2002.*
*N° d'édition : 4149 - N° d'impression : 024410/1*

*Imprimé en France*